能源经济与能源政策协同创新中心前沿研究系列

清洁能源的世界

New Energy System of the World

林伯强 编著

科学出版社

北 京

内 容 简 介

由于风能和太阳能都具有的波动性和间歇性,电网难以大规模消纳可再生能源,而"储能＋可再生能源"建立独立微电网(分布式),可以摆脱并网对可再生能源的约束,还可以解决中国城市分布式能源发展的物理和产权约束;由清洁能源提供电力的电动汽车将在消费侧进行大规模能源替代。这一清洁能源系统中,储能技术是核心,鉴于储能对未来人类能源发展的重要性,中国政府应把对储能技术发展的重视程度提高到至少与可再生能源同等的地位。本书提出清洁能源的人类远景,并对国内外现阶段发展的相关问题进行综合比较和细致梳理。

本书供能源和环境经济学学者、工作在能源环境领域第一线的工作者以及社会各界对能源环境问题和政策感兴趣的广大读者分析解读。

图书在版编目(CIP)数据

清洁能源的世界＝New Energy System of the World/林伯强编著. —北京：科学出版社,2016

(能源经济与能源政策协同创新中心前沿研究系列)

ISBN 978-7-03-049730-7

Ⅰ. ①清…　Ⅱ. ①林…　Ⅲ. ①无污染能源-能源发展-研究-中国
Ⅳ. ①F426.2

中国版本图书馆 CIP 数据核字(2016)第 206491 号

责任编辑：范运年/责任校对：桂伟利
责任印制：徐晓晨/封面设计：无极书装

科学出版社 出版
北京东黄城根北街 16 号
邮政编码：100717
http://www.sciencep.com

北京东华虎彩印刷有限公司 印刷
科学出版社发行　各地新华书店经销
＊
2016 年 8 月第 一 版　开本：720×1000 1/16
2017 年 2 月第二次印刷　印张：9 1/2
字数：190 000

定价：88.00 元
(如有印装质量问题,我社负责调换)

作 者 简 介

　　林伯强，美国加利福尼亚大学（Santa Barbara）经济学博士。现任厦门大学中国能源政策研究院院长、能源经济与能源政策协同创新中心主任、中国能源经济研究中心主任、博士生导师，是 2008 年教育部"长江学者"特聘教授，新华都商学院教授。其目前主要的研究和教学方向为能源经济学和能源政策。国内兼任国家能源委员会能源专家咨询委员会委员，国家发展和改革委员会能源价格专家咨询委员会委员，中国能源学会副会长，新华社特聘经济分析师，中央人民广播电台特约观察员。国际方面现兼任达沃斯世界经济论坛能源顾问委员会委员和达沃斯世界经济论坛全球议程低碳能源理事会委员。

前　言

以往对于可再生能源与传统能源的比较,主要关注二者的发电成本,而忽略电网成本和电网大规模接入的技术可行性。由于风能和太阳能都具有波动性和间歇性,如果没有储能技术,电网难以大规模消纳可再生能源,而"储能＋可再生能源"建立独立微电网(分布式)的模式,可以摆脱并网对可再生能源的约束,还可以解决中国城市分布式能源发展的物理和产权约束。由清洁能源提供电力的电动汽车将在消费侧进行大规模能源替代。这一清洁能源系统中,储能技术是核心,鉴于储能对于人类未来能源发展的重要性,中国不能落后于其他国家,政府至少应把对储能技术发展的重视程度提高到与可再生能源等同的地位。

(1) 可再生能源发展。

中国政府的目标是将 2020 年非化石能源占一次能源消费的比重提高至15％,为满足这一目标,中国政府近年内还将在政策上大力支持可再生能源发展。太阳能最具发展潜力,经过中国政府与太阳能相关行业十余年的努力,2014 年光伏发电累计装机达到 28 吉千瓦,仅次于德国的 38 吉千瓦,居世界第二位;并网发电 250 亿千瓦时,相当于三峡 1/4 的电量。

可再生能源的固有缺陷,使大规模接入电网影响到电网的稳定性和安全性,因此,大规模接入电网将大幅度提高成本。可以说,制约可再生能源大规模发展的主要因素已经不是发电成本,而是电网对其的接纳能力和电网成本,储能技术正是破解这个难题的关键。

中国太阳能发展还面临着许多困难。一方面是收益问题,据测算,2014 年中国西部集中式光伏收益率与德国同期光伏发电收益相当,而东部分布式收益则不到德国同期光伏发电收益的一半,这与目前太阳能发展"集中热、分布冷"的实际情况相印证。西部集中式光伏日照小时数高,规模成本更低,虽然并网和送出成本高,但是,并网成本基本上由电网承担。中东部分布式光伏发展动力不足,需要更高的上网电价或终端电价来刺激分布式光伏。另一方面,国外居民其屋顶主要是分布式安装形式,而中国城市分布式光伏面临安装的物理限制和产权问题,中国农村则缺乏分布式发展所需的投资。

(2) 储能是可再生能源大规模发展的关键。

曾几何时,储能技术还只是科学家们的讨论,而美国的特斯拉汽车(Tesla

Motors)却一下拉近了储能技术和大众的距离。特斯拉于 2015 年 4 月推出了几款商业化的锂电池,涵盖从家用级到电网级的不同产品,对应的存储规模从 7 千瓦时一直到 10 千瓦时以上。虽然特斯拉电池在技术上似乎没有太多创新,但其最大的特点在于电池平衡系统和成本上的优势。以特斯拉电池的成本为例,在 6% 的贴现率下,当充放电的价差在 1 元/千瓦时以上时,电池投资就可以收回成本。中国许多地区峰谷电价差都已经大于 1 元/千瓦时,这些地方的储能投资已经能够带来收益,虽然还不是很好的回报。电池储能已经具备经济上的吸引力。

锂矿的稀缺性可能制约锂电池发展。根据特斯拉的数据,全球每年生产的锂电池仅够 50 万部电动汽车使用,锂资源储备满足电动汽车已经十分困难,更不要说用来支持大规模分布式和微网储能。因此,未来锂资源的地位,有可能相当于今天石油的地位。目前锂资源相对丰富的国家,如智利、玻利维亚、中国和澳大利亚等,将有可能掌握全球能源的命脉。如何保护锂资源也是政府应在政策上提前布局的重要方面。

电池生产和使用过程中会涉及环保和回收。在环保方面,锂电池可能对环境带来危害的主要是其正极材料中含有的钴、镍等重金属及电解液中含有的氟。但这些物质都封装在电池里,正常使用不会造成环境污染,即使发生破损泄露也只是电解液流出,不会造成重金属污染,而且目前工艺成熟,已经能够使用无毒的磷酸铁锂电极。对于电池回收,锂电池外壳是金属或塑料,电极含有锂、重金属和石墨,电池内部还有铜、铝等材料,这些都具有较高的回收价值。2015 年 9 月有媒体报道,Jay Whitacre 的团队为了证明他们开发的盐水电池安全环保,创始人 Whitacre 甚至吃了一块电池的电极。

(3) 摆脱可再生能源发展约束:微电网。

真正摆脱可再生能源的电网约束和分布式能源的物理约束的是微电网。"储能+可再生能源"建立的独立微电网本身是一个完整的自我控制系统,可以与电网分离运行。该系统能够彻底摆脱对于传统能源和大电网的依赖,实现灵活按微小区域划分的电力自足系统。

"储能+可再生能源"的独立微电网代表着能源行业发展和人类能源供需的未来。一方面,气候的低碳发展将迫使人类发展清洁的可再生能源。另一方面,保证供电可靠性和供电质量要求解决可再生能源的稳定性问题;解决目前可再生能源严重的市场消纳困难和远距离输电成本,需要尽可能在靠近负荷中心设立电源。微电网可以减少分布式能源的种种缺陷和约束(如物理空间和产权),更具有经济性。

"储能+可再生能源"的独立微电网的概念简单,但其可行性主要受成本约束,其成本是指储能成本和可再生能源的成本。一般来说,只有当储能成本＋可再生能源成本小于传统能源成本＋输配电成本时,这种模式才具备基本的经济驱动力,但这还需要多年的技术进步。由于对能源行业可能带来的冲击巨大,传统的能源企业务必小心。

举一个简单例子。根据厦门地区的光照数据、光伏发电 15％ 的效率、2014 年厦门人均生活用电和厦门大学本部光伏发电可利用面积,采用光伏发电每年可发电量约为 5000 万千瓦时;如果师生 4 万人和人均年用电量 1250 千瓦时,光伏发电＋储能技术＋微电网可以满足教学与生活用电需求。

(4) 可再生能源消费侧大规模替代:电动汽车。

2005～2014 年,中国汽车销量年均增长率为 16.9％。国际上一般的经验是:从汽车开始进入家庭到其普及,大致需要 20 年的时间;从人均 GDP(国内生产总值)达到 1000 美元开始;当人均 GDP 达到 3000 美元的时候,汽车消费开始成为一种时尚;当人均 GDP 达到 4000～5000 美元,每 1000 户居民汽车拥有量可以超过 200 辆,进入汽车大众消费时代。中国 2014 年人均 GDP 接近 7600 美元,但是,每 1000 人拥有汽车约为 113 辆,汽车增长的潜力依然巨大。从存量和增量角度说,在消费侧,可再生能源替代潜力最大的是电动汽车。

为什么需要替代? 一方面,中国石油对外依存度已经超过 60％,由于国内石油产量已基本达峰值,石油需求增量主要依赖进口,需要通过石油替代保障能源安全。另一方面,中国的城市汽车尾气排放正成为城市最主要的污染源之一,电动汽车的发展对改善城市环境有重要作用,有益于雾霾治理;电动汽车还是低碳转型的重要一环,与传统燃料汽车相比,电动汽车提供了通过能源结构改变(减少煤炭,增加清洁能源)减少碳排放的可能性。

粗略计算,按电动汽车综合充电效率为 85％,2014 年汽油柴油消耗换算起来需要电力 1.35 万亿千瓦时。如果由光伏供电,根据国土资源部(简称国土部)2008 年的数据,全国土地中居民点及独立工矿用地面积为 26.9 万平方千米,只需要利用其中的 2.6％ 就可以满足电动汽车的电力需求。

电动汽车发展的问题很多,发展相对缓慢。除了充电设施和其他支持政策问题外,储能技术(电池)是主要发展障碍。电动汽车和储能技术将成为石油强有力的替代品,长期而言,油价的最大威胁可能来自电动汽车和储能技术。储能技术将使风电太阳能对传统化石燃料的大规模替代成为可能,因此,电动汽车、储能技术和风电太阳能的结合,可以形成对石油清洁有效的替代,而且同时满足保障能源安全、雾霾治理和低碳发展等多重目标。虽然电动汽车和储能技术的发展目前还没有对石油替代产生实质性影响,但近年来电动汽车和储能技术进步迅速,作为石油替代的威胁越来越明显,长期而言,电动汽车发展的石油替代是中国减少石油对外依存的最重要方面。

(5) 国际储能技术发展现状和国内政策支持。

"可再生能源＋储能＋微电网"模式离实现大规模应用,可能还有一定的距离,但并非遥不可及。2015 年,中国已投入运行的储能装机容量大约为 23.6 吉千瓦时,排在世界的第二位,但是,也应该看到这当中绝大部分都是抽水储能,电池储能的装机容量仅相当于美国的 1/6。中国也是一个电池生产大国,锂电池产能占全球的 27%。但是,与国外的先进水平还存在差距,就是通常说的整体"大而不强"。电池的上游原材料及下游的系统集成和应用方面,处于相对较低的水平;高附加值的隔膜主要从美国和日本进口;电池性能与日本和韩国仍有差距,导致了中国在高端市场的占有率持续萎缩。国内储能发展的技术路径不够清晰且缺乏整体规划,2015 年 1～7 月仅动力锂电池项目就吸引了超过 400 亿元的投资,但是,电池行业的亏损面却在扩大。

对储能的发展需要有清晰的战略规划和政策措施。政府多个部门已经启动了储能"十三五"规划课题研究,也出台了相关的支持政策。但是,基于目前储能技术的发展现状,政府可能需要加大力度,包括考虑对储能投资(包括储能研究)给予直接补贴或税收抵免,以及由政策性银行提供优惠利率的贷款。

政府还需要营造一个支持储能发展的市场环境。目前市场机制存在不足,如储能的价值没有得到合理的补偿,虽然一些地区实行峰谷电价,但峰谷时间段的划分及相应电价的制定还缺乏经济合理性。因此,政府可以结合目前的电力市场化改革,采用更加灵活的电价机制,用市场化的手段促进储能发展。例如,扩大峰谷电价实施的范围和优化电价,设定储能电价,允许储能作为电源接入电网,以及对储能的电网调频给予合适补偿,等等。

在微观层面,政府也可以大有作为。对于储能产业链中具有规模经济效应的链条,政府应集中资源做大、做强几家优势国有公司。逐步提高可再生能源的接入标准,要求企业必须配置一定的储能容量等方式,来满足供应的稳定性;还可以通过促进微电网的发展来间接促进储能技术发展。此外,在储能技术的研发与应用上,支持企业和高校联手,加强系统集成等薄弱环节的支持力度。鼓励更多的储能投资将有益于推动储能技术突破,降低储能成本。

本书提出清洁能源的人类远景,并对国内外现阶段发展的相关问题进行综合比较和细致梳理。希望本书为能源和环境经济学者、工作在能源环境领域第一线的工作者、社会各界对能源环境问题和政策感兴趣的广大读者,特别是为能源环境政策当局,提供准确全面的分析解读。

　　本书是团队合作的结果。本书受到福建省能源经济与能源政策协同创新中心资金、厦门大学繁荣计划特别基金（NO.1260-Y07200）、新华都商学院的经费支持。厦门大学能源经济与能源政策协同创新中心、厦门大学中国能源经济中心的杜之利、李想、刘畅、刘奎、吴微等博士研究生参与了编写。特别感谢博士研究生刘畅所做的大量组织和协调工作。厦门大学中国能源政策研究院及中国能源经济研究中心的所有教师、科研人员、行政人员、研究生也为本书编写提供了诸多的帮助。我们深知所做的努力总是不够，不足之处，望读者指正。

林伯强

2016 年 3 月于厦门

目　　录

第 1 章 可再生能源(光伏)与电池储能技术结合的前景展望

1.1　中国光伏发展概况

1.1.1　中国可再生能源市场前景

2014 年 11 月 APEC(Asia-Pacific Economic Cooperation,即亚太经合组织)会议期间,在中美双方发布的联合声明中,中国首次提出,到 2030 年左右,中国二氧化碳排放达到峰值且将努力早日达峰值,并计划到 2030 年非化石能源占一次能源消费比重提高到 20% 左右,而 2013 年这一比例仅为 9.8%。2014 年 11 月,国务院办公厅印发的《能源发展战略行动计划(2014—2020 年)》明确提出到 2020 年将煤炭消费总量控制在 42 亿吨左右。同时大力发展非化石能源,包括到 2020 年争取建成 2 亿千瓦风电装机和 1 亿千瓦光伏装机,非化石能源消费比重达 15%。这意味着需要有足够的清洁能源来替代煤炭,水电、核电、风能、太阳能及其他能源均需大力发展。

具体分析光伏发电的发展空间。根据国家能源局 2015 年发布的数据,2014 年年底,中国光伏发电累计装机为 28.05 吉瓦(0.2805 亿千瓦),年发电量为 250 亿千瓦时。按照 2020 年 1 亿千瓦装机,即 100 吉瓦的目标计,"十三五"期间,中国光伏年装机应达到 10 吉瓦以上。2015 年 10 月,国家能源局新能源和可再生能源司处长董秀芬在"2015 中国光伏大会暨展览会"提出,2020 年光伏发电规模目标要有所提高,初定 1.5 亿千瓦,对应每年需新增装机数大约 20 吉瓦。虽然 2013 年与 2014 年中国年装机量均超过 10 吉瓦(2013 年中国新增光伏装机为 10.95 吉瓦,2014 年为 10.60 吉瓦),但我们也要看到,一方面,在中国经济发展速度减慢的大环境下,用电需求的增速也随即降低,光伏发电的推广环境并没有得到根本性的改善,光伏发展并不一定能够一直处于加速趋势;另一方面,每年 10 吉瓦的装机量对于任何一个国家来说都是很大的挑战。德国长期以来在世界上扮演着可再生能源发电,特别是光伏发电领头羊的角色,光伏装机量遥遥领先,而 2013 年和 2014 年德国年光伏装机量仅为 3.3 吉瓦和 1.9 吉瓦。如果到 2020 年,中国能够如期稳步推进光伏发展,中国毋庸置疑会成为绝对意义上的世界光伏发电领袖。

另外,就内部而言,中国光伏发展中存在着发展集中式还是分布式这一矛盾之争。长期以来,中国的集中式光伏发电,特别是建设在西部地区的大型地面电

站,其发展速度远高于分布式光伏发电,尤其是高于建设在中东部地区的分布式光伏发电系统。这一矛盾出现的原因主要有以下三点:

第一,集中式相比分布式,单位收益高,投资低。中国集中式电站主要在西部光照资源较丰富地区,相对于东部地区年日照小时数高50%左右。由于规模成本效应,西部地区大型电光伏电站单位成本显然会更低廉(根据最新报价①,100千瓦系统单位成本比3千瓦系统低25%)。另外,中国西部集中式电站多建设在荒漠、戈壁等地方,土地成本与建设成本都明显低廉;而东部分布式电站多与建筑相结合,不但施工成本较高,其占地使用权也存在第三方环节,提高了系统复杂度。

第二,中国集中式光伏电站发电结算模式为直接上网,较为简单;而分布式系统需要通过子系统与主网连接,在实际结算模式上,也存在余电上网与全部上网两种收费模式。因此,集中式光伏电站简洁的收益模式更易受到投资青睐。

第三,中国光伏上网电价定价并没有给予一个初始的较高激励,因此,首批投资者多为大型国有能源集团,集中式发电显然更符合他们的利益。中国光伏上网电价水平可以与德国进行对比(平均光照水平近似):德国光伏2013年1月平均上网电价为14.84欧分/千瓦时,按汇率8.3893(2013年1月15日)计算,约合人民币1.245元/千瓦时。相比于中国1.00~1.15元/千瓦时的上网电价,差距并不很远。然而往前看,2009年,德国平均光伏补贴为37.69欧分/千瓦时,2011年为31.17欧分/千瓦时。如果说可再生能源的推广需要在市场开始繁荣的时刻给予一个初始较高的补贴,以吸引投资者,特别是个人用户进入市场的话,那么,中国的光伏补贴政策并没有向这个目标倾斜。在光伏市场前景未完全明朗,且收益相对并不高时,大型国有能源集团的进入当然比个人用户容易得多。另外,国企积极参与可再生能源的建设,企业动机可以不仅仅基于项目本身的营收。

集中式与分布式这一矛盾的实际情况体现为,根据2011年出台的《太阳能发电发展"十二五"规划》,至2015年,国内光伏装机(不包括光热)规模要达到20吉瓦的目标,其中,在西部建设的大型电站与在中东部地区建设的分布式光伏发电系统[包括与建筑结合的BAPV(building attached photovoltaic,即安装型太阳能光伏建筑)及BIPV(building integrated photovoltaic,即光伏建筑一体化)系统]要各占一半。

而这一计划的实际完成情况可以总结为,西部集中式目标完成可期,东部分布式完成任务有一定难度。截至2012年年底,中国累计约7吉瓦的总装机中,分布式光伏占比为36.4%,虽然比例并不低,但这是因为当时大多数光伏项目属于

---

① 资料来源:Solarzoom,2015年8月。

"金太阳"示范工程的范畴,其完成情况特别是后续并网发电情况并不容乐观。光伏上网电价政策出台后,2013年全国10.95吉瓦装机中,分布式比例远低于西部大型电站。仅西部的甘肃、新疆、青海三个省区就安装了6.1吉瓦的集中式大型地面电站,而分布式光伏总装机仅在3吉瓦左右。2014年,在国家发展和改革委员会(简称国家发改委)制定的14吉瓦指导目标中,8吉瓦为分布式发电,大型地面光伏电站为6吉瓦。而在2014年实际新增装机容量的10.60吉瓦中,光伏电站为8.55吉瓦,而分布式仅为2.05吉瓦。至2014年年底,中国光伏发电累计装机容量28.05吉瓦,光伏电站为23.38吉瓦,分布式为4.67吉瓦,分布式比例反而降低到了16.6%。短期内,中国分布式光伏达到50%的安装目标已经不太可能实现,遑论达到50%的发电量比例了。表1-1汇总了近年来中国光伏分布式比例变化。

表1-1   近年来中国分布式与集中式光伏装机及分布式比例

时间	2012年	2013年	2014年	2015年6月
集中式/吉瓦	4.45	14.35	23.38	30.07
分布式/吉瓦	2.55	3.10	4.76	5.71
分布式比例/%	36.4	17.7	16.6	16.0

资料来源:中国电力企业联合会

而反观世界其他国家,分布式光伏却是主流安装形式。表1-2列出了2010年世界主要光伏安装国家的分布式比例。

表1-2   2010年世界主要光伏安装国家的分布式与集中式光伏装机

国家	德国	日本	美国	意大利	法国	澳大利亚	瑞士	韩国	加拿大
分布式/吉瓦	14.90	3.50	1.73	1.53	0.83	0.48	0.10	0.13	0.04
集中式/吉瓦	2.42	0.23	0.37	1.96	0.19	0.004	0.0003	0.52	0.19
分布式比例/%	86	99	82	44	81	99	98	20	16

资料来源: Trends in photovoltaic applications: survey report of selected IEA countries between 1992 and 2010, www.iea-pvps.org

可以看出,除了韩国与加拿大分布式比例较小,其他国家分布式光伏均为主要的甚至占绝对优势的安装形式。而在中国为什么会出现分布式装机发展落后于集中式且其占比不断缩小的现象?究其原因,除了全面系统科学的政策体系尚未建成、国家规划管理仍需进步、严格统一的并网技术标准尚未完善、社会承受能力需要平衡等因素外,分布式光伏上网电价政策的不合理性也是重要的影响因素。

尽管中国分布式光伏的发展与政府规划有较大差距,中国政府仍然将发展分布式光伏作为光伏行业发展的重点。一般来说,分布式光伏有以下三点优势:第一,分布式光伏一般安装在建筑物顶部,对大片空置土地的要求较小;第二,分布式光伏一般直接与配电网连接,不需要额外接入设施,节省建设成本与建设时间;第三,在需求端设计与安装分布式光伏,能够直接针对用电需求,有效减少传输损失。综上所述,中国未来仍需要加强分布式光伏在光伏发展中的地位(REN21,2012)。

1.1.2 光伏产能、装机、发电

1. 光伏产业、发电成本与发展前景

从生产侧看,以光伏组件计,自1990年以来,全球组件年产量从46兆瓦增加至2014年的50吉瓦左右,20余年来增长超过1000倍,平均年均增长率超过35%。中国长期以来是光伏组件最大的生产国,占全球产量的一半以上;2012年,中国光伏组件产量达到23吉瓦,产能超过40吉瓦。在行业产能过剩的压力下,中国光伏组件产量仍然处于增长态势,2013年与2014年的年产量分别为28吉瓦与35吉瓦。中国光伏产业集中度较高,2014年全球前十大光伏企业,中国占有6席,且前5名均为中国企业(李俊峰等,2007;常瑜,2011;SEMI PV Group等,2013)。

中国的光伏行业经过较快速度的发展,特别是经过2012年前后,由于国外市场以及"双反"等压力造成的不良后果,随着国内市场的逐步放开与美国、日本等国家光伏市场的繁荣,已经重新步入了良好的轨道,过剩产能消化,产业集中度提高,产品成本迅速下降。表1-3列出了2010年、2012年与2014年中国排名前五的光伏制造企业(按全年组件出货量计)的情况。可以看出:第一,中国的光伏领头企业经过2012年前后的调整与重组,企业规模与营收状况有了很好的发展。产业规模稳步增长,应用水平不断提高。2010年,中国电池组年产量为10.8吉瓦。2013年,全国电池组件产量约35吉瓦,占全球份额超过60%,而电池组件内销比例从2010年的15%增至43%。第二,国内企业的产能能够满足国内市场的需求,供需不再畸形。第三,也可以看出国内企业快速发展引致的光伏成本大规模下降。简单以前五企业总营收与总出货量之比衡量组件单位出货成本可以看出:2010年,所列前五企业总营收与出货量的比值为1.67,而2014年下降到0.69,下降了59%。考虑2020年1.5亿千瓦的装机目标,五年内,中国光伏行业需要翻倍的规模,必将经历再一次飞速增长。

表 1-3　2010 年、2012 年与 2014 年中国光伏企业概况

2010 年	出货量/吉瓦	营业收入/亿美元	2012 年	出货量/吉瓦	营业收入/亿美元	2014 年	出货量/吉瓦	营业收入/亿美元
尚德*	1.57	29.0	英利	2.30	18.3	天合	3.66	22.9
晶澳	1.46	17.8	尚德*	1.80	16.3	英利	3.36	20.8
天合	1.06	18.6	天合	1.59	13.0	阿特斯	3.10	29.6
英利	1.06	18.9	阿特斯	1.54	12.9	晶科	2.94	16.1
阿特斯	0.80	15.0	昱辉	0.71	9.7	晶澳	2.40	18.0

＊无锡尚德于 2013 年申请破产

资料来源：各公司年度财务报表

近 10 年来，随着光伏发电走上大规模应用之路，世界光伏产业尤其是中国光伏产业呈现爆发式增长，光伏技术进步明显，成本急剧下降。图 1-1 为以年为时间轴的组件每单位成本与光伏系统（取 10 千瓦小型系统）成本变化示意图。光伏组件价格下降有两个主要的阶段：2009～2010 年，欧洲特别是德国大力发展光伏装机，世界及中国光伏制造业景气，相较之前，其系统成本下降到 20 元/瓦左右；2012 年以后，随着中国国内光伏市场的放开及中国光伏产业的整合与竞争，光伏系统成本进一步下降至 10 元/瓦左右，光伏发电在中国开始作为一个独立的力量走上一次能源舞台。

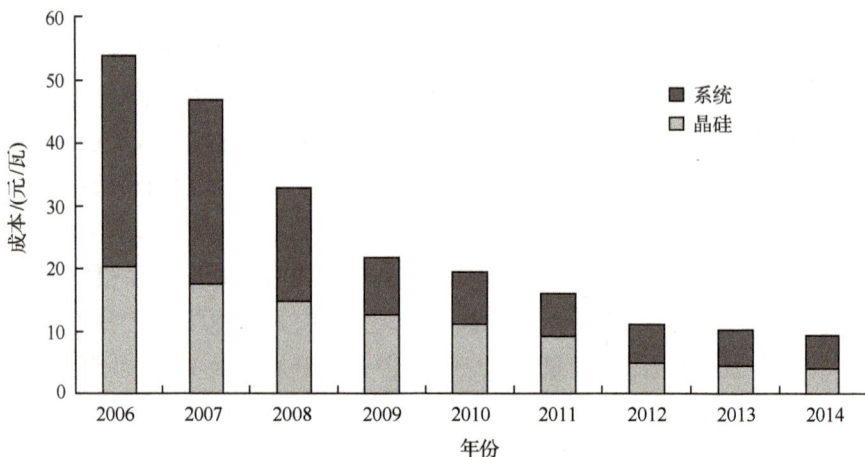

图 1-1　2006～2014 年光伏系统成本与晶硅组件成本变化

资料来源：《2013 中国光伏产业发展报告》，Solarzoom 光伏数据中心

图 1-2 为自 2012 年起分季度国际市场光伏组件现货价格。可以看出，虽然在 2013 年，"双反"引起的行业波动造成了价格的小幅度上扬，但从总体上看，光伏价

格还是呈明显下降趋势的,2015 年第二季度平均价格比 2012 年第一季度下降了 37%,每季度平均降低 3.65%。

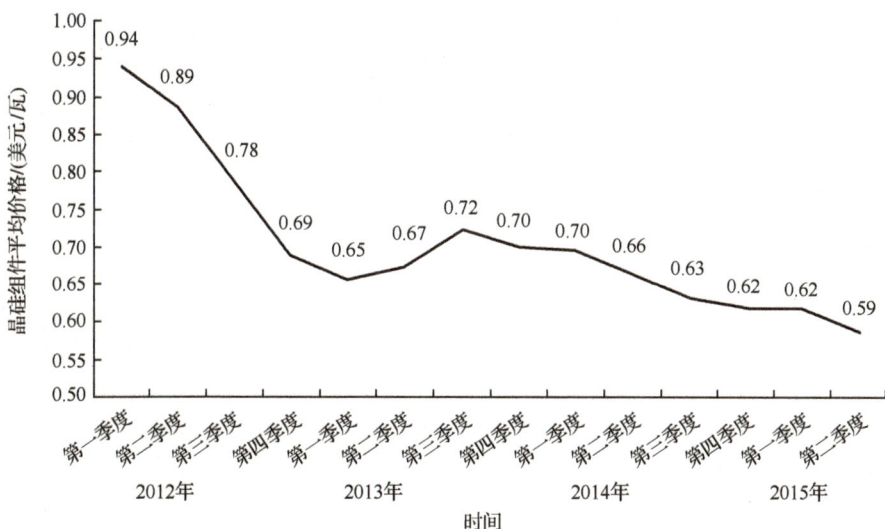

图 1-2　2012～2015 年国际市场光伏组件价格

资料来源:PV insights,取每季度第一周价格

　　光伏组件,特别是晶硅组件成本大幅下降带来两个最主要的变化:第一是确定了晶硅为光伏的主要产品形式;第二是使光伏发电成本迅速降低。

　　根据所选用的半导体材料,太阳能电池应用技术分为晶硅与薄膜两大类。薄膜太阳能电池有原材料消耗少、弱光性能优良、轻便可弯折三大优点;另外,在 2009 年前后,晶体硅价格较高时,与晶体硅电池相比,薄膜电池有一定的价格优势。薄膜电池的主要形式有 CIGS(铜铟镓硒)、CdTe(碲化镉)、多晶硅、非晶硅等传统形式,以及近年来发展较快的染料敏化和有机薄膜太阳能电池,但其缺点在于转换效率不够高,寿命与耐久度较低,实际应用受到一定的限制。

　　近年来,晶硅电池生产成本与售价的大幅下滑使薄膜电池丧失了对晶硅电池的竞争优势。2012 年,薄膜电池产量较 2011 年出现下滑。2012 年,全球薄膜电池产量约 3530 兆瓦,同比下降 13.9%。其中硅基薄膜电池 950 兆瓦,CIGS 约 680 兆瓦,CdTe 约 1900 兆瓦,中国大陆薄膜电池产量约 400 兆瓦,几乎均为硅基薄膜电池。虽然自 2013 年起,薄膜电池产量有所恢复、提高,但增长率远低于晶硅电池。

　　在薄膜电池产量下降的同时,其占全球光伏市场的市场份额也在逐步下滑,如图 1-3 所示。2010 年以前,晶硅原材料价格高企,晶硅电池生产成本一直居高不下,而薄膜电池有明显的成本优势,因此,虽然其光电转换效率较低,但市场份额依然不断上升,并在 2009 年达到最高 16.5％的市场份额。这一尖峰市场占有率对应的是 2009 年前后的硅原料大面积涨价。但由于随后晶硅电池市场上游产能急剧扩大,组件生产成本大幅下降,产业化转换效率不断得到提高,而薄膜电池技术却未取得重大突破,薄膜电池相较晶硅电池的优势逐渐丧失,市场份额也逐渐下滑,2014 年,薄膜电池所占市场份额仅为 8.9％。在相当长的一段时期内,晶硅电池仍将是太阳能电池最主要的形式,特别是在大规模发电应用上,非晶硅很难取代晶硅的地位。

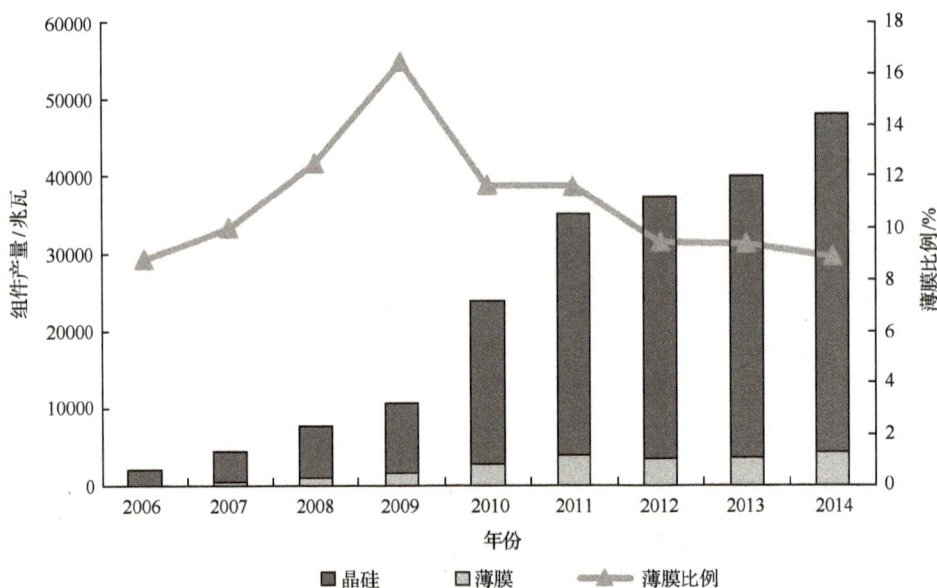

图 1-3   2006～2014 年晶硅与薄膜太阳能电池产量与比例

资料来源:IEA Data Base

经济学上,用学习曲线解释与预测光伏成本下降是较为普遍的方法。一般意义上的学习曲线定义为 $\log N_t = \alpha + \beta \log X_t$,$N$ 为 t 时间的成本,X 为累计到 t 时间的总产量。定义学习率 LR(learing rate)＝$1-2^{\beta}$,LR 表示当产量扩大一倍后成本的下降,如 LR＝20％意味着每次产量加倍,成本下降 20％。

利用学习曲线预测新能源行业成本的研究较为成熟,诸多国外学者及国际能源署(International Energy Agency,IEA)都利用学习曲线研究与验证了光伏长期成本下降的趋势(Harmon,2000;Cody and Tiedje,1997;Tsuchiya,1992;Schaeffer et al.,2004;IEA,2000;IEA,2006;Staffhorst,2006;Neij,2008;Neij,1997;Papineau,2006;McDonald and Schratten holzer,2001;van Benthem et al.,2008;Wand and Leuthold,2011)。这些研究,其对象无论是世界光伏成本或是欧洲、美国光伏

成本,结果均在 20% 左右,相差很小(以光伏组件计)。以中国 2006~2014 年产量与成本作为回归参数,利用同样的模型也可以计算得出相似的结论:以组件计,中国光伏成本学习率为 20%±0.2%,与世界及各国学习率处于同一水准。

通过光伏系统成本,可以折算出光伏发电成本。光伏发电不消耗燃料,一旦施工完成,后续仅需要考虑较低的运行维护费用,因此,其实际发电成本可以通过初始安装总成本折算。较为普遍的方法是按照全寿命期平准发电成本法(levelized cost of electricity,LCOE)进行计算,其意义为项目整个经济寿命期的发电总成本的现值除以发电量的现值,广泛运用于电力行业成本测算。图 1-4 是根据光伏系统成本测算的光伏发电成本,其中,黑线取日照小时数 2000 小时/年,相当于西部日照丰富地区;灰线取日照小时数 1400 小时/年,相当于东部地区平均值;其他参数依据行业常用数据。

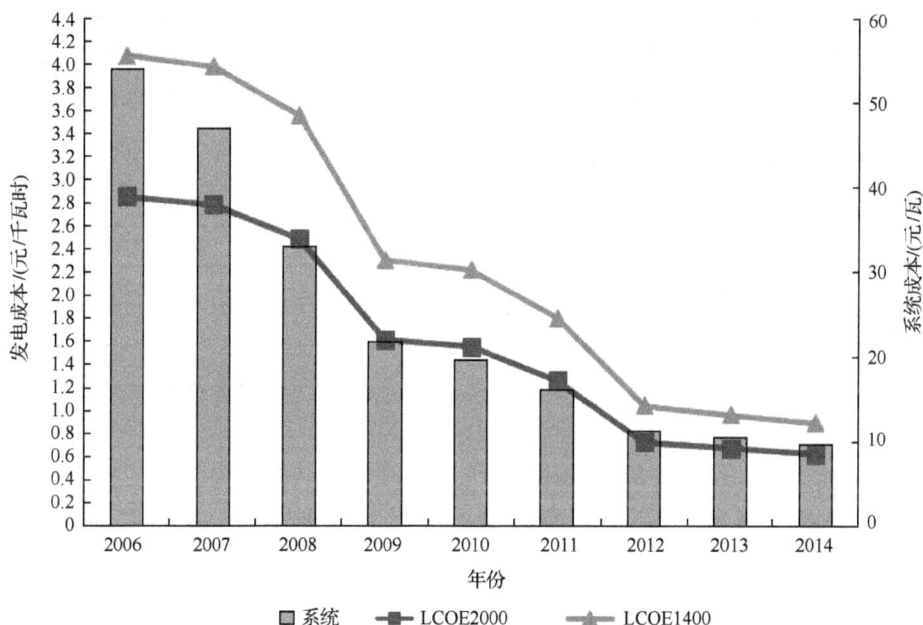

图 1-4 中国市场光伏系统成本变化与发电成本变化示意图

参照 2013 年光伏上网电价 1.15 元/千瓦时、1.00 元/千瓦时及下调后的 1.00 元/千瓦时、0.95 元/千瓦时、0.90 元/千瓦时,现阶段,中国西部地区光伏发电成本已低于 0.70 元/千瓦时,显著低于上网电价,离平价上网(以火电标杆电价计)也仅有约 50% 的距离。东部地区的光伏成本虽然稍高,但东部地区多为分布式发电,其上网电价可以选择标杆电价+使用电价的模式结算,安装主体仍然能够充分得利。国家发改委于 2016 年下调光伏上网电价是合理的。

光伏发电在何时能够实现平价上网？依照 20％的学习率进行预测,按原定 2020 年 1 亿千瓦光伏装机的目标进行估算(中国光伏必然使用本国生产的光伏组件与系统),即在现有基础上约翻两番,则光伏组件成本应下降至 2014 年的 6 成左右,即约 2.5 元/瓦。光伏其他部件,如逆变器、电缆、接入系统与支架的成本下降可能较小,假设 5 年能达到 20％的下降幅度,那么光伏系统成本可达到 7 元/瓦的程度。在此情况下,按照西部地区发电成本约为 0.45 元/千瓦时,东部地区约为 0.65 元/千瓦时,西部地区的光伏发电成本已接近平价上网的程度。而如果按新目标 2020 年 1.5 亿千瓦光伏装机进行估算,组件成本可下降至约 2.3 元/瓦,西部与东部地区发电成本可进一步下降至 0.42 元/千瓦时与 0.60 元/千瓦时,西部地区成本与现阶段火电标杆电价正好相当(可以预计随着环境成本的逐步提升,火电标杆电价不会有大的变化)。如果中国国内光伏市场可以达到 2020 年国家制定的目标,则西部地区光伏发电完全可以实现平价上网。表 1-4 列出了以上估计结果。2020 年将是一个重要的时间节点,中国光伏将可以做到对火电的经济性替代;而 2020 年起的再下一个五年计划可能将指导中国能源结构的根本转变(郑照宁和刘德顺,2005;霍沫霖,2012)。

表 1-4　2020 年光伏发电成本预测　　　　　　　单位:元/千瓦时

类别	西部光伏发电成本	东部光伏发电成本
2014 年	0.63	0.89
2020 年 1 亿装机(估)	0.45	0.65
2020 年 1.5 亿装机(估)	0.42	0.60

2. 光伏装机

2012 年,全球光伏累计装机突破 100 吉瓦,2013 年达到 136.7 吉瓦,2014 年达到 188.8 吉瓦。从 2011 年中国光伏上网电价政策出台开始,中国的国内装机量也开始飞速提升。2012 年,中国年装机量为 4.5 吉瓦,仅次于德国的 7.6 吉瓦,居世界第二位;而 2013 年中国新增装机 10.95 吉瓦,位居世界第一,占全球新增装机总量的 27％。2014 年,中国新增装机 10.60 吉瓦。中国的新增装机连续两年排名世界第一。图 1-5 为历年世界与中国光伏装机量对比图。图 1-6 为累计世界与中国光伏装机量对比图。

表 1-5 为截至 2014 年 6 月中国光伏项目建设情况。可以看出,不管是已建成的或是审批通过的项目中,中国的光伏仍以较大规模的集中式电站为主,小规模项目数量与总装机数仍相对较低。

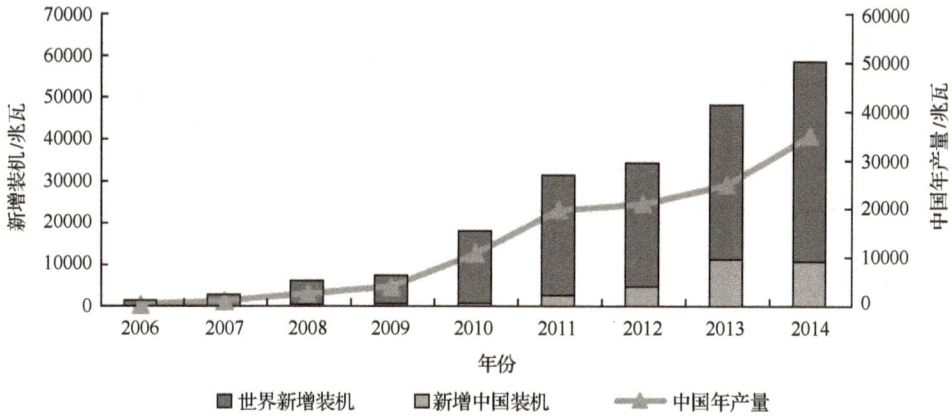

图 1-5　历年光伏装机

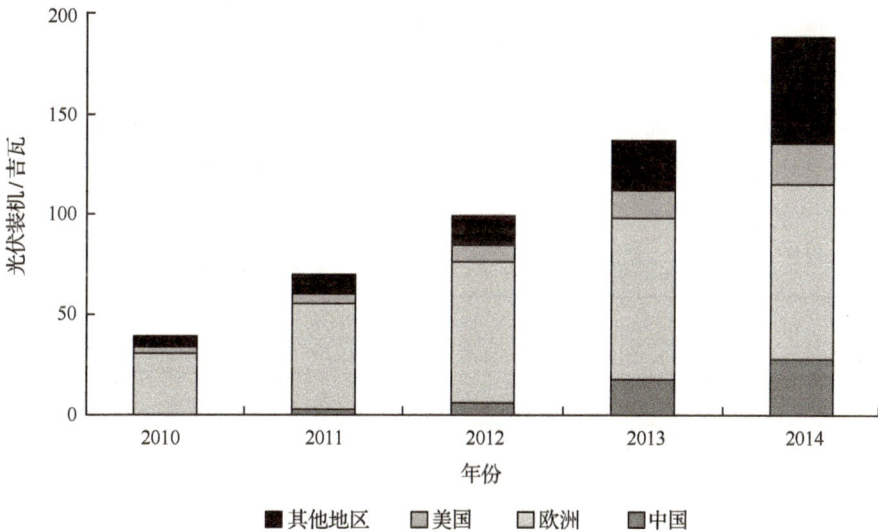

图 1-6　累计光伏装机

表 1-5　中国光伏已建成、在建与审批通过项目

数值	$X \leqslant 6$ 兆瓦	6 兆瓦$<X \leqslant 20$ 兆瓦	20 兆瓦$<X \leqslant 100$ 兆瓦	$X>100$ 兆瓦	总计
已建成项目					
项目数量/个	425	558	219	5	1207
平均装机/兆瓦	2.4	14.6	42.0	244	16.2
总装机/吉瓦	1	8.2	9.2	1.2	19.6
占比/%	5	42	47	6	100

数值	X≤6兆瓦	6兆瓦<X≤20兆瓦	20兆瓦<X≤100兆瓦	X>100兆瓦	总计
在建项目					
项目数量/个	54	136	108	7	305
平均装机/兆瓦	3.5	14.9	4.8	176.5	28.6
总装机/吉瓦	0.2	2.0	5.3	1.2	8.7
占比/%	2	23	60	14	100
审批通过项目					
项目数量/个	63	89	54	3	209
平均装机/兆瓦	2.7	14.6	44.3	293.3	22.7
总装机/吉瓦	0.2	1.3	2.4	0.9	4.7
占比/%	4	27	50	19	100

资料来源:BNEF Project Database,2014年6月

2015年3月,国家能源局公告《2015年光伏发电建设实施方案》,将2015年新增太阳能装机目标大幅上调到17.8吉瓦。表1-6为《2015年光伏发电建设实施方案》公告中限定的各地区2015年光伏装机规模及与累计装机量的对比(省略中部、西南与东北部分省区)。业内将这一规划理解为中国版的光伏"配额制"。

表1-6　2014～2015年各地区新增光伏发电建设规模表

地区	2014年 装机/兆瓦	2015年规划				
		合计/兆瓦	集中式/兆瓦	分布式/兆瓦	与累计安装量之比/%	与累计分布式安装量之比/%
全国	28050	15000	8000	7000	53	150
河北	1500	1000	400	600	67	222
内蒙古	3020	800	600	-200	26	111
江苏	2570	1000	300	700	39	82
浙江	730	1000	300	700	137	100
山东	6000	800	200	600	13	158
广东	520	800	200	600	154	120
陕西	5500	500	350	150	9	500
甘肃	5170	500	400	100	10	
青海	4130	1000	800	200	24	
宁夏	2170	800	600	200	37	
新疆+兵团*	3560	1700	1300	400	48	1000

*　兵团是指新疆生产建设兵团

资料来源:国家能源局《2014年光伏发电统计信息》,2015年3月

从表 1-6 中可以看出,2015 年全国光伏规划有以下几个主要特点:第一,总增长量很大,2015 年全年装机目标超过累计装机的一半,许多省区要求装机翻番;第二,装机目标偏重于分布式,分地区的分布式安装目标对于各省区来说具有很高的完成难度。东部、中部大规模规划分布式装机,普遍增幅在 100% 以上,一些省区甚至需要 10 倍的扩张。西部集中式光伏发展较为集中而分布式发展落后的陕西、甘肃、青海、宁夏与新疆及新疆生产建设兵团也规划了较大规模的分布式装机。

中国的消纳问题决定了中国分布式光伏不低于集中式光伏的重要性。中国能源消费最大的特点是能源资源与能源需求逆向分布,8 成以上的煤炭、水能、风能及太阳能资源分布在西部和北部地区,7 成以上的电力消费集中在东部和中部地区。这样的逆向分布决定了中国必须在用电集中地区建设光伏发电,而在东部地区分布式光伏是较集中式光伏更为适宜的方式。

考虑到中国的特高压。截至 2014 年,中国已建成"三交四直"特高压工程,"两交一直"工程正在建设,"一交"工程获得核准,变电(换流)容量超过 1.5 亿千瓦。虽然直观上看,2014 年西部集中式光伏完成情况超出预期,在发电小时数与规模上也明显占有优势,然而,现阶段集中式光伏发电+特高压输送的模式并不能取代分布式光伏的重要地位。第一,特高压输电必须保持稳定的输送功率。中国西部的集中式光伏虽然发电量、发电密度与效率高于分布式光伏,但其稳定性仍然难以满足特高压输电的需求。第二,基于光伏发电的不稳定性,并考虑到消纳技术,建设在中东部地区的分布式光伏分散且靠近用电端,对电网设施的冲击较小;另外,东部地区更适合在未来智能电网(smart power hetworks)的发展中采用多种形式调峰,而对于西部集中式光伏来说,如果要进行特高压输送,现阶段仅有火电与光伏"打捆"输电的模式,其成熟度还有待实验。第三,中国现在并没有专为集中式光伏设计的特高压线路,而西部集中式光伏电站也并没有完全考虑由特高压输送来规划布局。可再生能源相关的特高压现阶段只有唯一一条设计为"风火打捆"的酒泉—湖南±800 千伏特高压直流输电工程,而该项目仍处于核准阶段。甘肃酒泉是中国最大的千万千瓦级风电基地,远景规划风电装机容量为 3565 万千瓦。2014 年,酒泉风力装机达到 8 吉瓦,年发电量超过 100 亿千瓦时,远较西部光伏发电集中。与之对比可以看出,如果需要将西部集中式光伏发电通过特高压输送到东部,无论是技术上,还是发展规模上都还需要有较长的一个过程。

配额制与上网电价政策作为支持可再生能源发展的两大机制,有很多的比较研究。总体来说,上网电价政策比配额制应用更为广泛,上网电价政策更适用于可再生能源发展的初步市场化阶段。通常情况下,上网电价政策与配额制不会同时适用：上网电价通过直接的价格模式给予投资者可以预期的长期稳定收益；配额制更多的是基于政府主导强制发电企业进行可再生能源电源建设或搜寻成本更低的可再生能源，其补偿具有不确定性（Alishahi et al.，2012；Lesser and Su，2008）。

国外配额制主要有如下特点：第一，从可再生能源配额制承担主体来看，供电企业主要承担配额任务。国外实践表明，如果是供电企业作为配额承担的主体，它能够基于售电侧市场，采取开放灵活的方式将配额成本通过终端销售电价进行疏导；如果是发电企业作为配额承担主体，一般采取可再生能源发电证书模式，将配额制成本在行业之前交易传递。第二，国外可再生能源配额指标分配到各个地区时，更多地考虑到资源条件、地区经济发展水平与该地区电网情况。第三，国外配额制的运作机制较为灵活，主要基于电力市场化运行机制进行调节。表 1-7 对中国此次"配额制"与主要国家和地区配额制进行了比较。

表 1-7　世界主要国家和地区可再生能源配额制比较

国家和地区	配额内容与承担主体	运作机制	成本承担
美国加利福尼亚州	供电企业，购买一定比例可再生能源电量	基于可再生能源交易市场，并有罚金	售电市场开放，通过终端销售电价疏导
日本	供电企业，根据电网网架坚强情况为九大电力公司分配收购电量	基于可再生能源证书交易市场进行考核	通过终端销售电价疏导
英国	供电企业，不同地区制定不同配额，地区内各企业承担配额比例相同	基于可再生能源证书交易市场进行考核	售电市场开放，通过终端销售电价疏导
意大利	发电企业，各发电企业承担同样配额	基于可再生能源证书交易市场进行考核	发电侧市场开发，政府回购证书
中国	各级政府	对政府进行考核	政府与电网企业

可以看出中国这次的"配额制"在成熟度及可操作性上与世界主要施行配额制的国家和地区相比有很大的距离。首先，其他国家与地区配额制是在电力市场市场化基础上，由政府制定配额，供电企业或发电企业作为承担主体，而不是仅仅对各级政府进行责任分配；其次，市场化的运作机制保证了可再生能源配额可被交易，更有利于资源配置，增强了配额制的灵活性与可操作性；最后，此次中国制定如此大规模的分布式光伏配额，达到这个目标需要各级政府额外提供优惠政策与补助，这部分资金来源尚未明确，也不可能通过市场机制进行有效传导。因此，中国此次的配额制，无论从制定、运作机制、考核机制上都无法体现市场，并不成熟。

3. 发电量

2014年,中国光伏年发电量约250亿千瓦时,同比增长超过200%。虽然增长率有了很大的提高,但也要看到,光伏发电的比例仍然很小。2014年,全国全口径发电量55459亿千瓦时,火电发电量41731亿千瓦时,占全国发电量的75.2%。并网太阳能发电量仅占总发电量的0.4%左右,也远远落后于同为可再生能源的风力发电的2.8%的比重。

从国内纵向来看,中国光伏投资/发电比并不高。表1-8为同为可再生能源的风电与太阳能的发电/投资比示意(估算)。可以看出,2014年光伏发电的效益和风电相比仍较低,而国家需要支付总补贴显著高于风电。

表1-8 风力与光伏发电投资、发电、补贴比较

项目	2014年新增并网装机/兆瓦	2014年投资额/亿元	2014年新增并网发电/亿千瓦时	发电/投资比/%	补贴/亿元
风电	2072	993	170	17.1	90(约)
光伏	817	940~1155	146	12.6~15.5	140(约)

资料来源:2014年电力工业运行简况,中国电力企业联合会

从世界范围内横向来看,中国的光伏发电有效发电水平较低。表1-9为与德国的对比结果。考虑到德国的日照小时数明显低于中国(特别是中国西部的集中式发电光照资源约高于德国50%),可以看出,中国光伏发电的内在效率仍需提高。

表1-9 中国和德国光伏装机发电比较

国家	2014年累计装机/吉瓦	2014年光伏发电/亿千瓦时	等效发电时长/小时	光伏发电占总发电比/%
中国	28.05	250	891	0.4
德国	38.20	328	859	6.3

资料来源:Fraunhofer ISE,2015

1.1.3 中国光伏装机与有效发电之间的距离

2013年,自中国国家发改委(国家能源局)、财政部和国家电网正式明确了光伏上网电价补贴FIT政策(Feed in Tariff,一种新能源补贴政策),以及一系列支持政策,如并网接入、项目备案等出台后,中国国内光伏市场有了明确的政策指导,发展迅速。根据2015年3月国家能源局最新核准的数据,2013年,中国累计

并网运行光伏发电装机容量 17.45 吉瓦,其中光伏电站 14.83 吉瓦,分布式光伏 2.62 吉瓦(国家能源局于 2015 年核实下调 2013 年统计数据,原数据为光伏发电装机容量 19.42 吉瓦,其中光伏电站 16.32 吉瓦,分布式光伏 3.1 吉瓦),全年累计发电量 90 亿千瓦时,新增装机量居世界首位。

然而,从光伏上网发电量上看,中国光伏上网比例仍有很大的提高空间,如表 1-10 所示。

表 1-10　中国光伏装机与实际上网发电量的比较

年份	累计装机/吉瓦	年发电量/亿千瓦时	参考发电量/亿千瓦时	发电上网比/%
2011	3.5	6	53	11
2012	7	36	105	34
2013	17.45	87	262	33
2014	28.05	250	421	59

注:2013 年之前,中国的累计装机量数据存在很大分歧(如国家能源局与国家电力监管委员会数据相差一倍),在此采用国家能源局公布数据;2013~2014 年数据采用国家能源局 2015 年 3 月修订数据。参考发电量计算:考虑到中国光伏集中式占比较大,光照小时数取平均偏上的 1500 小时/年(稍低于Ⅲ类光照区)

从表 1-10 中可以看出,中国光伏发电并网率虽然总体呈升高趋势,但是仍然偏低,有近一半的光伏发电并未被电网消纳。以年上网发电量 250 亿千瓦时计算,"弃光"造成的年经济损失约为 200 亿元。2013 年之前,光伏发电上网率较为低迷,显示出中国早些年建设的光伏项目,如"金太阳"工程所涵盖的上网率非常不理想,项目完成情况存在一定的疑问。

中国光伏集中式占比在 80% 以上,更说明了"弃光"问题的严重性:不但分布式光伏项目的并网率较低,集中式光伏项目也必然存在着大规模"弃光"现象。国家能源局统计数据显示,2015 年上半年全国累计光伏发电量 190 亿千瓦时,弃光电量约 18 亿千瓦时,且弃光电量主要发生在甘肃和新疆地区。其中,甘肃弃光电量 11.4 亿千瓦时,弃光率为 28%;新疆(含新疆生产建设兵团)弃光电量 5.41 亿千瓦时,弃光率为 19%。考虑到官方数据对分布式发电的涵盖度可能有限,实际弃光情况可能更加严重。

中国光伏发电实际上网率不高,与国外相比,其发电上网在机制性上也有所欠缺。例如,德国可以在网上查阅具体每一个光伏项目的实时发电量,易于群众了解其可再生能源发展情况,监督可再生能源的投资与发展。由于体制存在差异,中国不可能像德国一样做到数据完全公开透明,但是,2013~2014 年国家不同部门发布的各项光伏数据之间的差异及之后的修订,印证了光伏发电实际情况并

不理想,施工与有效运行之间存在差异,历史存留问题很大。

另外,中国现阶段中东部广大地区存在的雾霾是光伏发电不可避开的因素。中国分布式光伏发电设计安装在中国中东部经济较发达地区,目的是调整这些地区的能源结构,长期起到有利于环境保护与大气污染控制的作用。然而,现阶段较差的大气质量必然会对光伏发电造成明显的影响。

中国科学院上海微系统与信息技术研究所(简称中科院上海微系统所)的光伏系统实证研究结果表明,雾霾重度污染时,光伏有效发电小时数降低80%。北京市环保局数据显示,2014年北京市重度污染天数为45天,空气质量为优的天数为93天。考虑安装在北京市的分布式光伏发电小时数,如果仅仅考虑重度污染天数的光照降低,全年光照小时数约下降10%;而如果取平均光照降低计算,全年光照小时数约下降35%,这意味着严重的雾霾天气会完全破坏分布式光伏的经济性。

中国发展可再生能源发电,改善环境质量、治理雾霾是其重要的考量,但从短期看,可再生能源发电,特别是光伏发电对大气质量的改善较为微小,而其受环境污染影响较大;从长期来看,在很长时间内,中国中东部地区光伏发电都要面临这样一个不利因素。

1.1.4 中国光伏政策变迁

中国的光伏补贴政策可以分为四个阶段。

1. 第一阶段:分散补贴(2000~2009年)

这一阶段,中国并没有全国性的光伏补贴政策,国内光伏装机也很少,主要集中在供电不便的偏远地区,如西藏光伏发电与乡村太阳能路灯等项目。补贴按照具体项目由中央或地方政府予以专门发放,主要是补贴装机。

2005年,中国出台了《中华人民共和国可再生能源法》来指导新能源的发展。法规细则规定,光伏发电项目上网电价高于当地脱硫燃煤机组标杆上网电价的部分,通过全国征收可再生能源电价附加解决。

2007年,中国进一步出台了《电网企业全额收购可再生能源电量监管办法》,规定电网企业有义务无偿全额收购其电网覆盖范围内可再生能源并网发电。

2. 第二阶段:项目补贴与上网电价试点(2009~2011年)

在这一阶段,中国有了全国性的补贴政策,主要体现为"金太阳"工程。"金太阳"工程共施行了两批,方式是各省市在配额之内申报光伏项目,原则上按光伏发电系统审计总投资的50％给予装机补助(偏远无电地区的独立系统按70％予以补贴)。工程要求电网提供并网条件,项目发电原则上自发自用,富余电量按国家核定的当地脱硫燃煤机组标杆上网电价由电网全额收购。

作为示范工程,"金太阳"有效地促进了中国光伏装机的增长,也缓解了当时欧洲光伏补贴大幅下调后中国产能过剩的问题。但是,规则上的不完善导致其施行效果很不理想。按项目预估成本,而不是按实际发电量发放装机补贴,不少项目开工得到初始补助后,后续打了折扣;仅仅原则上号召电网收购项目发电且按普通上网电价收购,参与企业没有长期维护发电盈利的动力。

"金太阳"实施的同时,国家也在为上网电价的推出做准备。为了探底光伏发电成本,国家按上网电价准则,在西北地区进行了两轮数个光伏特许招标。例如,2009年敦煌10兆瓦光伏电站,国投电力以0.69元/千瓦时的超低价竞标,引起很大的反响。

3. 第三阶段:上网电价(2011～2013年)

2011年7月,国家发改委发布《国家发展改革委关于完善太阳能光伏发电上网电价政策的通知》,首次推出了全国范围内适用的光伏上网电价政策。该通知规定,2011年之前核准并建成投产的光伏发电项目,上网电价统一核定为1.15元/千瓦时(含税,下同)。之后按1元/千瓦时执行(西藏不变)。此后将根据投资成本变化、技术进步情况等因素适时调整上网电价。

2013年8月,国家发改委进一步完善了光伏上网电价政策,实行分区域的标杆上网电价。按各地太阳能资源条件将全国分为三类资源区[①],分别执行0.9元/千瓦时、0.95元/千瓦时、1元/千瓦时的电价标准。

4. 第四阶段:细致深化阶段(2013年至今)

表1-11列出了中国自2013年正式实施FIT政策以来出台的主要分布式光伏相关政策。

而为了鼓励本地区分布式光伏发展,中国诸多地区也出台了额外的分布式光伏优惠补贴政策,主要在上网电价补贴或是初装费补贴等方面有额外经济支撑,其中,浙江力度最大,而浙江及其下属市县对分布式光伏的补贴最为引人关注。

---

① 三类太阳能资源区:Ⅰ类资源区为宁夏、甘肃嘉峪关等部分地区、新疆哈密等部分地区和内蒙部分地区等西北地区,年光照小时数1600小时以上;Ⅱ类资源区为北京、天津、黑龙江等地区,年光照小时数1300～1600小时;Ⅲ类地区为除Ⅰ类和Ⅱ类资源区以外的其他地区,年光照小时数1200～1500小时(西藏光伏标杆电价另行制定)。

表 1-12 为 2014 年中国主要地区的分布式光伏额外补贴政策,主要列出在上网电价补贴或是初装费补贴等方面有成文政策的经济投入的地区。

表 1-11　近年来中国光伏相关政策

出台时间	政策内容	制定方
2013 年 7 月	《国务院关于促进光伏产业健康发展的若干意见》	国务院
2013 年 7 月	《关于分布式光伏发电实行按照电量补贴政策等有关问题的通知》	财政部
2013 年 7 月	《分布式发电管理暂行办法》	国家发改委
2013 年 8 月	《关于支持分布式光伏发电金融服务的意见》	国家开发银行
2014 年 7 月	《关于推荐分布式光伏发电示范区的通知》	国家能源局
2014 年 9 月	《关于加快培育分布式光伏发电应用示范区有关要求的通知》 培育一批分布式光伏发电示范区,进一步加大分布式光伏的推进力度	国家能源局
2014 年 9 月	《国家能源局关于进一步落实分布式光伏发电有关政策的通知》 度电补贴政策可以调整为标杆电价上网、增加发电配额、允许直接售电给用户、提供优惠贷款、按月发放补贴等	国家能源局
2014 年 9 月	《关于征求可再生能源电力配额考核办法意见函》 可再生能源配额制方案即将出台,国家将为各省及电网企业指定可再生能源电力配额指标,通过强制性政策促进可再生能源产业发展	国家能源局
2014 年 10 月	《国家能源局关于开展新建电源项目投资开发秩序专项监管工作的通知》 开展新建电源项目投资开发秩序专项监管	国家能源局
2015 年 1 月	《2015 年光伏发电建设实施方案(征求意见稿)》 规划 2015 年全国新增光伏发电并网容量目标约为 15 吉瓦,其中分布式光伏 7 吉瓦。对各地区提出最低任务指标,但不设年度规模上限	国家能源局
2015 年 3 月	《国家能源局关于下达 2015 年光伏发电建设实施方案的通知》 下达 2015 年全国新增光伏电站装机规模为 17.8 吉瓦	国家能源局
2015 年 6 月	《国家能源局　工业和信息化部　国家认监委　关于促进先进光伏技术产品应用和产业升级的意见》	国家能源局 等三部门
2015 年 7 月	《国家能源局关于推进新能源微电网示范项目建设的指导意见》	国家能源局
2015 年 9 月	《关于实行可再生能源发电项目信息化管理的通知》 享受国家可再生能源电价附加资金补贴政策的新能源发电项目及其配套送出工程均纳入国家能源局可再生能源发电项目信息管理平台	国家能源局

表 1-12   中国各地区光伏额外政策

地区	政策		
	直接提高 FIT/千瓦时	额外地区性 FIT 补贴/千瓦时	装机补贴
上海		工商业用户 0.25,个人用户 0.4,为期 5 年	
湖北黄石		0.1,补贴 10 年	
江西		0.2,补贴 20 年	
山东	1.2(2013~2015 年)	0.05	
江苏	1.2(2014 年),1.15(2015 年)		
安徽合肥		0.25	一次性 3 元/瓦
河南洛阳			0.1 元/瓦,奖励三年
河北	1.3(2014 年),1.2(2015 年)		
浙江		全省补贴 0.1,以下为地区额外补贴	
浙江嘉兴	光伏园区内 2.8,补贴 3 年,逐年下降 5 分		
浙江温州		0.15(2014 年),0.1(2015 年),居民家庭 0.3,补贴 5 年	
浙江海宁		0.35 元,补贴 5 年	对屋顶资源提供方,一次性补贴 0.3 元/瓦
浙江桐乡		0.3 补贴 1~2 年,0.2 补贴 3~5 年	1.5 元/瓦装机补贴对屋顶资源出租方一次性补贴 30 元/平方米

采用内部收益率(internal rate of return,IRR)计算比较上述地区的分布式光伏投资收益。IRR 就是资金流入现值总额与资金流出现值总额相等、净现值等于零时的折现率。以上分地区 25 年 IRR(IRR25)最多的安徽合肥上升了 7.63 个百分点,而其他地区 IRR25 普遍上升 2~4 个百分点,集中在 4~7 个百分点,地方补贴的力度相当大。

从以上政策走向可以看出,自 2015 年开始,中国政府大力度推进国内光伏市场加速发展的意向非常浓烈。一方面是因为随着可再生能源的技术进步及环境压力,"十三五"期间可再生能源发电平价上网或可实现,大力度推进正当其时;另一方面,储能技术及微网、电动汽车等消纳方式的发展,能够给予可再生能源规模扩大足够的后备力量。

1.2　可再生能源大规模应用的限制

　　总结1.1节,中国可再生能源发电,特别是光伏发电,前景巨大,政府推动力强,但其发展又存在阻力,所以实际发电量存在很大提高空间。可再生能源发电比例扩大的阻力,并不主要来自其发电成本,根本上来自其自身限制,而限制可再生能源发电发展的最大障碍是可再生能源发电的间歇性与不可预测性。不稳定的电力输出与必须需要实时平衡的电力系统存在根本性的矛盾。

　　可再生能源发电的不稳定性体现在两个方面。一方面,从长时间上看,可再生能源的发电随时间的变化而有规律地变化,且其集中发电时间段与用电时间段存在不一致性。风电发电高峰一般集中在晚上,太阳能发电的高峰集中在白天。而中国工业用电的用电曲线较为平缓,居民用电呈现白天、晚上两个高峰。另外,随着季节、天气的变化,可再生能源发电与用电曲线都会有相应的变化。中国大部分地区春季风力发电输出最大,光伏发电夏天输出最高。另一方面,从短时间上看,可再生能源发电每时每刻都可能随天气原因发生变化,且这一变化完全随机,具有不可预测性。

　　上述规律可以用简单的数学模型概括为

$$E = E_{season} + E_{dseason}$$

以光伏为例,E 为光伏输出效率,E_{season} 为时间输出效率,在统计上具有规律性。$E_{dseason}$ 为瞬时输出效率,在统计上无明显规律性。由于光伏输出取决于日照条件,E_{season} 可以表示日照的规律性变化,如每天日升日落,季节夏强冬弱。$E_{dseason}$ 可以表示日照的瞬时变化,如一段时间的阴雨,或某个时段的阴天。当大规模光伏发光接入电网时,消纳这些发电需要对其输出变化有效预测。消纳在技术上可行的是消纳 E_{season} 的部分,而 $E_{dseason}$ 的部分在原则上难以实时消纳。消纳 E_{season} 需要考虑的是消纳成本,而消纳 $E_{dseason}$ 需要考虑采用新的手段。

　　以光伏为例,分析可再生能源发电规律性变化的消纳问题。其白大光伏发电曲线较为平缓,随日照与天气情况变化;但是,晚上发电量为0。图1-7为一个简单的图形算例。假设每天的用电负荷由基荷(如火电)、可调峰(如调峰电站)与光伏来满足,且用电负荷不变。可以看出,在最简单的情况下,随着可再生能源(光伏)比例的扩大,为了维持用电负荷,需要容量等比例扩大的可调峰,且调峰范围更大,调峰斜率更陡。这在实际中有很大困难,需要付出高额的成本,甚至高于可再生能源发电本身的价值。这样,从经济学上说,"弃光"是成本更低的选择。

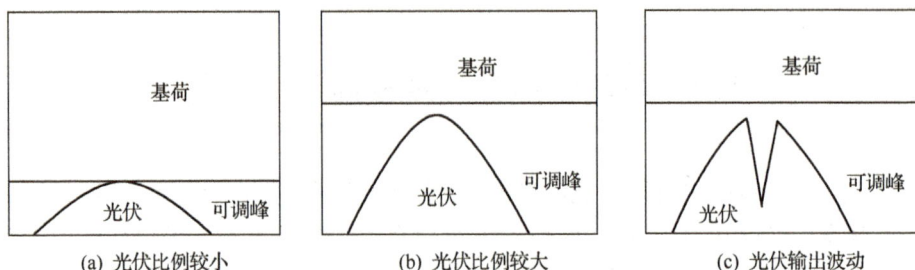

图 1-7　不同比例的可再生能源发电与用电负荷示意图

　　而考虑到不可预测的瞬时变化,实际情况的复杂性远超预计。可再生能源发电不但在分时上存在不稳定性,在每日尺度上也存在变化。如图 1-7(c)所示,如果出现一个不可预测的、瞬时的发电低谷(如突然的阴云天气),这一部分发电量难以通过可调峰来补偿,即使补偿其花费的成本也使这样的补偿得不偿失。仅仅依靠现时技术下的可调峰来弥补可再生能源发电的不稳定性是难以实现的。随着可再生能源比例的扩大,调峰消纳的难度会成倍增加。

　　传统解决可再生能源发电不稳定性问题的方法主要集中在两个方面。一个是利用较为灵活的发电设施与之配合,形成稳定的总输出。研究与应用较为广泛的是天然气发电与可再生能源发电相结合。另一个是将可再生能源发电的能量进行储存。传统储能方法是将其转换为热能等形式,如储热、热水系统与可再生能源发电系统的结合。而不涉及能量转换的电力储能方法,以往的应用中、主要表现为抽水蓄能电站。然而以上两者都不能从根本上、或大规模地解决可再生发电到达较大比例后的维持电网稳定性工作。第一个方法存在两个主要限制:其一,应用不够广泛,较多应用于分布式系统;其二,涉及燃料价格因素,成本不可控。第二个方法的主要限制在于,抽水蓄能电站工作时,其能量来源从根本上来说,同样是化石能源。因此,抽水蓄能虽然有利于减少电网的波动性,但对节能减排并没有本质上的减少作用。另外,抽水蓄能电站的应用受到选址、成本与利益分配等多方面限制因素影响。

　　德国是可再生能源发电发展的领头羊。2014 年,德国可再生能源发电比例占到了总发电的 30%,其中风力发电为 9.9%,光伏为 6.3%。然而,德国的可再生能源消纳也存在很大的问题:

　　其一,德国具有背靠欧洲大电网的优势,然而,德国用本国得到补贴的高价可再生能源发电置换北欧,如挪威廉价水电的事实也受到了强烈的批评和质疑。而中国的可再生能源发电需要在国内进行消纳,特别是基于中国的电源与用电逆向

分布机制,消纳需要克服地理上的困难。

其二,德国光伏消纳中,常规电源要频繁升降出力,导致运行经济性明显下降,煤电煤耗增加。而这一点在中国更为明显。中国的用电以工业用电为主,在时间分布上平均于德国,却正好逆势于光伏。中国是发展中国家,也是制造业大国,对发电成本与电价的敏感性远高于德国,常规电源与调峰电源的频繁变动负面影响巨大。

其三,德国光伏以分布式为主,其消纳可以通过安装分布式的居民解决一大部分;德国也有 20%的家庭其光伏系统安装了蓄电池。而中国光伏分布式并不占优势,集中式光伏发电的消纳一定需要通过主电网,给电网带来更大的压力。

以上讨论的是可再生能源的消纳问题。从其他方面来说,在可再生能源比例较大,其某些峰值可能超出电网需求(或区域电网需求)的情况下,可再生能源发电无论如何无法消纳,只能弃风弃光。因此,储能系统在本质上能够提高可再生能源发电效率乃至整个电网消纳效率。

1.3　电池储能的发展

电池储能与可再生能源相结合在理论与具体应用上已经有了一系列的研究(早期储能包括电池储能或储热,而多发电品种供能研究方法也与储能类似)。现行研究主要有两条脉络:一是从宏观上研究储能与不稳定性电力系统结合是否可行、其经济性是否合理,注重点在长期成本变化,或是不同政策下的可行性分析研究。二是从微观上分析研究具体储能方式设定对系统经济性的影响。

值得注意的是,这些微观上的研究基本上基于西方的竞争性电力系统,电力需求与供给决定了即时的电力价格,特别是可再生能源价格,其不稳定性波动明显,在时间分布上有尖刺性。因此,储能与可再生能源的结合不但在供给侧改变了用户的电力需求,也通过改变需求影响了即时的电力价格。

研究中国现阶段可再生能源与储能的经济性问题与以上研究有两点不同:第一,可预期内,中国的电力价格依然由政府决定。研究中国的可再生发电与储能,其盈利核心在于利用政府制定的电力峰谷与差别电价。第二,电池储能系统的突破到了一个关键点,现在研究储能的经济性比之前更有时效性与指导意义。

可再生能源与电池储能的结合应用并不是一个新鲜的课题。然而,早期的结合多用于离网的应用单元,如太阳能路灯,或是家庭分布式系统,并没有涉及整个可再生能源乃至电网层面。随着电池储能技术的突破,需要从宏观层面对整个可再生+储能进行再思考。

2015 年 5 月,特斯拉发布了名为 Powerwall 的家用电池系统和相应的商用电池系统 Powerpack。Powerwall 单体峰值电量为 3 千瓦,可储存 10 千瓦时电量,充放电能效 92%,提供 10 年质保。其单体售价为 3500 美元,可以通过简单拼接进一步扩大至 1000 倍。特斯拉希望通过这样的方式改变全人类的用电方式,并以此掀起真正的能源革命,并使可再生能源得到普及。

特斯拉电池的发布宣告电池储能作为一个独立的、可普遍应用的电网层面的储能技术的萌芽。另外,在新能源汽车方面,电池储能技术的发展已经趋于成熟,马上面临大规模应用。电池储能在电网层面的大规模应用也将马上拉开新的篇章。

1.4　光伏+电池储能

1.4.1　合理性

长远来看,电池储能可能是解决可再生能源发电不稳定性的唯一方法。电池的好处在于:可大可小,容易与各种规模的可再生能源发电相结合;充放电快速,直接电与电转化,转换效率高,特别是与新能源,可以直流到直流直接充放电;相比其他消纳方式,在理论上,其充放电不存在运行成本,也不存在高昂的边际运行成本。但其应用限制的最大因素在于电池成本,以及与成本相关联的充放电效率、安全性、寿命。

长期以来,电池储能的成本较高。随着电池技术的发展,电动汽车等大规模电池应用已经较为普遍,而直接与电力系统结合的电池储能的尝试也已经开始。

以 Powerwall 为例,其大致上已经可以做到在寿命内收回其投资成本。实际光伏发电与储能运行模型如图 1-8 所示。在此仅需按 TESLA 电池参数进行简单估算:在理想情况下,假设电池保持时刻满状态运行,不考虑电池参数随时间衰减,不考虑折旧,一块 TESLA 电池在 10 年寿命周期内可运行的电量为 24 万千瓦时。以充放电作为一个周期,以美元汇率 6.5 计算,考虑电池投资回收成本的每千瓦时电的运行成本仅为 0.19 元/千瓦时。即使在不考虑可再生能源发电的情况下,这一运行成本也低于中国现行的峰谷电价(即理想情况下,直接将 TESLA

电池与电网相连也是可以收回成本的);如果考虑可再生能源发电,那么这一运行成本也大大低于考虑发电时间性变化这一意义下的可再生能源发电成本;甚至,其成本更是远远低于考虑可再生能源发电时间不可预测意义下的成本;最后一步,如果将环境成本等外部成本纳入考虑,那么储能的成本空间完全可以被覆盖。另一种估算方法是,假如 TESLA 电池每天进行一次满充满放,按照同样的参数计算,每千瓦时电的运行成本也仅为 0.67 元/千瓦时,可比拟于中国很多地区的峰谷电价差值。

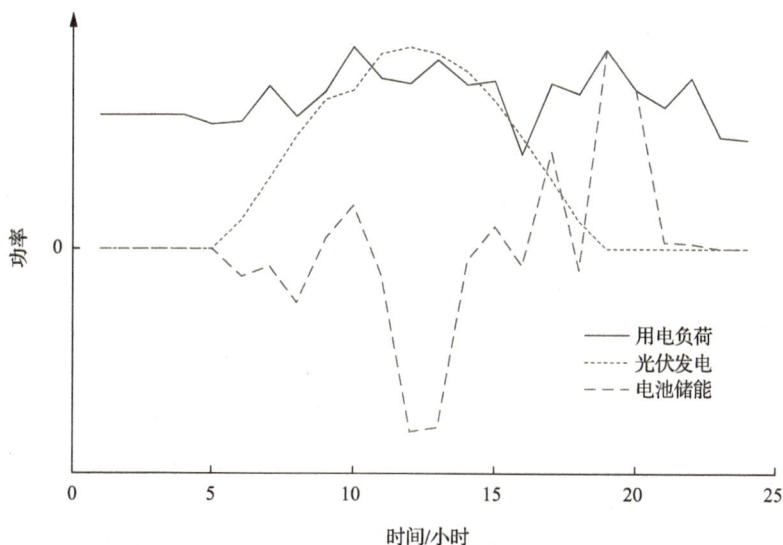

图 1-8　用电负荷、光伏发电与电池储能实际运行示意图

这当然是理想情况,实际情况中,电池本身的技术限制与可再生能源的不可预测性会显著影响结果。然而,电池储能本身的成本也存在着巨大的下降空间。以上算例仅仅是基于 2015 年 5 月发布的最新电池产品,完全可以相信,如果电池储能进入大规模生产,特别是中国进行大规模生产的情况下,电池成本也很有可能同风电与光伏设备一样,在规模成本与学习曲线效应下持续快速降低。特别是,以当前技术上最可能的锂电池来说,中国的锂矿资源丰富,分布集中,储量居世界第一,得天独厚。全球已查明的锂资源量达 1200 万吨,截至 2008 年年底,中国已查明的矿石锂矿区(多数为锂、铍、铌、钽综合性的内生矿床)有 42 处,查明资源储量(折合)241.21 万吨,其中基础储量 101.78 万吨(包括储量 81.05 万吨)。2015 年 10 月,有新闻报道中国地质调查局发现 64.31 万吨亚洲最大锂矿。因此,中国开展大规模电池储能推广与制造是有资源、有技术、有市场的。电池储能的

应用在成本上的限制很容易打破。

成本问题能够解决之后,可再生能源发电,特别是光伏发电与电池储能的结合具有诸多天然优势:首先,光伏发电与电池储能都是直流电,原则上可以直接连接,减少损耗。其次,光伏发电与电池储能具有共同突出的优点——普遍性与可叠加性。简单来说,光伏发电可以随时随地以小模块为单位,根据需要拼接;电池储能也有同样的特性。两者的结合非常适合在分布式系统中应用。最后,既然电池储能本身能够回收成本,那么光伏与电池储能有机结合的系统,其折算后的发电成本一定比光伏发电本身更低。更低的可再生能源成本意味着更大的应用空间,能够更好地降低用电成本,节约国家补贴。

1.4.2 唯一性

电池储能是满足中国可再生能源大规模应用的唯一可行手段。

第一,中国不可能建立与大规模可再生能源应用相适应的调峰电站。若以火电站承担调峰工作,则火电站汽轮机从锅炉起炉到汽轮机并网发电需要好几个小时的时间,并网后一般很长时间才会停机。如果让其调节峰荷,会不停地开停机或改变出力,对燃煤的利用率很低,反应速度也跟不上;另外,燃煤利用率低会带来排放的显著增加。若以水电站调峰,虽然不需要锅炉预热,在短短几分钟内就可并网发电,但水电站是中国最大的清洁能源,这样做会造成大量的能量浪费,且中国水电禀赋有限。国外也常采取天然气发电调峰,但一般应用于小型的分布式系统,中国天然气资源对外依存度也在不断提高,且天然气调峰成本过高,不可能采取这种方式。

第二,如果中国发展抽水蓄能电站,可能也并不能满足所有的可再生能源消纳需求。截至2014年年底,中国已投产的抽水蓄能电站总容量为2214.3万千瓦,在建容量为1408千瓦,然而,相比中国2014年年底13.6亿千瓦的全口径电力总装机来说,仍然远远达不到有效调峰的需要。业界普遍观点是,根据中国电力需求和电力结构的具体国情,抽水蓄能装机应该占发电总装机的5%左右才算合理,即需要在现有的基础上翻两番;而考虑到大比例的可再生能源发电,抽水蓄能电站装机远远不能达到要求。

中国抽水蓄能电站的消纳机制还面临三个重要的困难。其一,中国电力体制和电价两个方面制约了抽水蓄能电站的发展速度。根据国家有关政策,抽水蓄能电站只能由电网经营企业全资建设,而抽水蓄能电站工作时有约25%的电能损耗,成本有时并不明显。其二,中国可再生能源基地位于西北地区,而西北地区常规水电资源十分有限。其三,抽水蓄能电站前期工作推进难度大、工程投资相对较高、施工周期较长。抽水蓄能电站调峰可以作为可再生能源消纳的一个重要组成部分,但是,它不可能承担大规模的主导作用。

第三,现代电网技术,如智能电网与分布式、微网等技术,也无法做到大规模消纳可再生能源发电。从理论上来说,离开储能的智能电网技术毕竟是无源的,能做到的只是在一定程度上进行区域范围内的电力调配而不是从根本上弥合电力供给与需求之间的差额。实际上,与储能技术相结合的智能电网技术是分布式可再生能源发展的大趋势,储能本身应该是智能电网的重要组成部分。

综上所述,电池储能技术应该是消纳大规模可再生能源发电唯一可行的路径。

1.5　可再生＋储能的机遇与挑战

1.5.1　可再生＋储能的前景

可再生＋储能的组合,长远来看,带来的变革可能会比一般想象的更广、更快、更深远。可能带来整个能源层面的大变革。

1. 可再生＋储能前景及其广大

可再生能源发电,从成本上来说,随着近年来中国生产成本的大规模拉低,其发电成本已经可以与传统能源相比拟。风电成本与平价上网已经相当接近;光伏在十年之内也很可能实现平价上网(无论是从学习曲线推算还是简单取平均计算)。因此,本质上来说,限制可再生能源发电的关键已不是成本,而是电网的消纳能力。如果没有电池储能技术,按照德国等国家的经验,可再生能源发电比例超过10%以后,电网消纳面临的困难指数会增加;而中国的情况更为复杂困难,5%左右的可再生能源发电也很难有效消纳。从上面的分析可以得出结论,在不久的将来,当电池成本下降到一定程度时,原则上可再生能源发电则不存在制约因素。成本上可实现平价上网,又可以做到随时消纳,可再生能源可以真正做到替代而不是像现在这样弥补传统能源。

长久来看,电池储能可能带动光伏成为世界第一能源,彻底改变世界能源现状。从本质上来说,太阳能是一切能源的源头,也是总量最大的能源。经估算,中国现阶段,以西北地区光照计,如果有5%的戈壁覆盖太阳能板,就完全能够满足中国总用电需求。在储能技术可以充分应用的情况下,光伏相对于风电有几点优势:第一,绝对意义禀赋总量更大。第二,应用具有普遍性。光照资源禀赋的普遍性远强于风资源,理想状态下可以随时随地随规模进行建设。第三,光伏发电曲线与社会用电曲线趋势更为接近。从日内上看,白天发电高;从季节上看,夏天发电多。随着成本的降低,光伏发电甚至可以作为适合的基荷运行。

2. 可以解决中国光伏集中式与分布式的根本矛盾

与世界其他地方相比,中国分布式光伏发展中存在如下几个鲜明的特点:

第一,中国的光伏上网电价由国家决定,而中国电力的上网价格与销售价格均受国家控制且较低,因此,这决定了在长期内中国光伏发电行业将由国家指导,无论是集中式还是分布式的装机容量主要由国家调控。

第二,中国幅员辽阔,气候差异极大,不同地区的光伏发电,其发电小时数与发电时间存在很大的差异。中国的负荷主要集中在东部经济发达地区,而西部地区太阳能资源更加丰富,这样的负荷与光伏资源逆向分布的特点决定了中国光伏发电行业的基本特点——西部推行集中式、东部推行分布式。

第三,中国飞速发展的特高压电网为光伏发电的输送与消纳提供了很好的先决条件。特高压可以将西部地区盈余光伏发电量向东部负荷密集区进行大规模输送。然而特高压只起输送作用,并不能起调峰作用,储能技术依然是大规模光伏应用的唯一补充。

一旦大规模储能技术(bulk energy storage,BES)在技术上安全可行,则中国分布式与集中式装机的矛盾可以迎刃而解。中国完全可以以国家力量,在西部光照资源丰富地区大力发展集中式光伏发电,通过储能技术稳定其输出,通过特高压将其输送至用电负荷集中的地区;而东部地区分布式光伏可以放开装机总量限制,通过价格手段,鼓励用电主体按自身需要进行安装,或组成稳定的微网系统。西部地区光照条件好,土地资源广阔,安装成本低,即使通过特高压输送,西部集中式发电的成本也比东部地区低 20%~30%。大力发展集中式,按需发展分布式,可以大规模节约国家投资,同时改变光伏市场价格扭曲。

3. 有助于改善中国能源结构,维护中国能源安全

从第一点可以看出,可再生+储能可以完全对传统能源进行替代,这也是从根本上改变中国以化石燃料为主的能源结构的唯一有效途径。有效替代火电,可以真正减少碳排放,完成中国节能承诺;如果 2020 年光伏装机可以达到 1.0 亿~1.5 亿千瓦的装机量,且储能技术有长足的发展,完全可以对火电实行平价替代;

另外,在电动车层面,电池储能技术的改善可以有效降低中国对石油的依赖,提高中国能源安全度。

4. 有利于提高用电效率,节能减排

以电池储能技术与可再生能源进行内部消纳,可以有效提高中国用电效率。首先,可以大大降低对调峰电厂的需求。其次,如前所述,当可再生能源发电成本与传统能源相近时,借助于行之有效的储能技术,应该用调峰成本更低的可再生能源进行调峰。这样可以提高火电发电小时数,大大提高中国现阶段较低的火电发电效率,有效降低排放。

5. 可能会彻底解决"缺电"现象

中国处在快速工业化的阶段,从统计上长期来看,中国 GDP 增长与电力增长保持 1∶1 的关系。而经济周期波动与电源建设的滞后性之间的矛盾,造成了 21 世纪前 20 年中国在电力相对短缺与电力相对过剩中摇摆。经济快速增长时,电源建设的速度跟不上用电需求;而电源建设告一段落时,用电需求下降,发电小时数又受到极大影响。可再生＋储能,特别是太阳能与储能技术的集合,将会是"缺电"这一矛盾的根本解决方案。与火电、水电、核电相比,一方面,风电与光伏在施工周期上非常短,不考虑生产周期,光伏电站的施工一般只需要三个月;另一方面,从经济性意义上说,可再生能源发电只有固定成本而没有燃料运行成本,其运行维护成本也相对较低,即可再生能源的发电弹性空间很大。因此,即使出现某些时候电力需求过剩的情况,可再生能源发电不发电、不上网的损失相对于火电与核电的不能停机只能降低发电小时数的直接损失与潜在损失要小得多。长久来看,如果可再生＋储能系统能够占据主流,电网将不会出现显著的"缺电"问题;如果出现电力过剩的情况,其成本损失也会大大降低。

6. 有利于改善用电结构,倒逼电力体制改革

可再生能源与电池储能结合的结构,特别适合于应用在分布式系统上。这样,传统电网的电源—电网—用户的单向电力流动会被有效打破,形成电源与用户的有机网状系统。这本身就符合中国电力体制改革的精神。电力体制改革呼吁放开售电侧,增加售电侧竞争;而分布式系统本身就可以作为许许多多小的售电侧。这无形中推动了售电侧改革,增加了售电灵活性,有助于加速电力体制改革。

7. 有利于经济复苏

国际上曾经有能源革命是第三次工业革命的呼声。随着可再生＋储能模式的发展,颠覆性的能源新局面将对经济产生巨大的推动作用。对于中国来说,也是将中国工业制造业推向一个新的阶段、在国际上迈出一大步的重要机会。特别是现在,在中国经济发展速度放缓,经济增长追求"新常态"的时间关口上,可再生＋储能可能成为一个耀眼的经济增长点。中国百亿千亿瓦量级的风电制造与光伏制造产业在过去 10 年已经为中国的经济增长做出了很大贡献,涌现了一大批龙头企业,极大地带动了地方经济发展。2014 年中国锂离子电池全行业总产值约为 950 亿元,年增长率为 10％;2014 年,中国风电电力投资达 993 亿元;2015 年上半年,中国光伏制造业总产值超过 2000 亿元,从生产到应用到相应电力设备到电力消费,每年拉动的 GDP 可达万亿元。可以看到,整个可再生＋储能的发展,将完全打开新能源的发展空间,拉动数万亿的 GDP 增长,同时带动电动汽车等多个核心产业,提高中国综合国力与工业地位,成为中国经济复苏的新发动机。

1.5.2 可再生＋储能面临的问题

1. 电池材料与技术

电池储能发展的首要问题在于电池技术仍需获得很大的进步。首先,大规模的电池应用需要找到更易获得、成本更低、工艺更成熟的原材料;其次,电池技术的走向需要从许许多多的技术中尽快找到最行之有效的技术进行大规模的突破与应用,是否锂电池就是最终的发展道路,或是有另外可以大规模推广的技术道路需要尽快明确;最后,电池的安全性与寿命等技术问题需要得到更进一步的解决。

2. 电池的回收

大规模电池的应用势必引出电池回收问题。第一,电池寿命的问题并没有完全得到解决,一旦电池储能进入大规模应用阶段,很快就会面临大规模的报废电池处理难题。第二,如果不提前做好完备的报废电池回收预案,大规模的废旧电池随意处理势必会带来严重的环境污染。第三,废旧电池的处理会带来极大的原材料浪费,特别是可以回收并重复利用的锂元素。因此,需要尽快制定电池回收机制,建立电池回收产业链。

3. 电力网络如何构建

未来储能技术的具体应用上,可以有三种模式:第一种是"储能＋大电网",即用户可以在电价低时储电而在电价高时由储能系统供电。这种模式相当于利用大电网的峰谷电价差进行套利。目前美国和欧洲都已经有了利用储能进行电力套利的项目。在中国东部一些峰谷价差较大的地区,利用储能进行电力套利在经济上也已具备可行性。从电网的角度来看,电力套利的存在使电网可以利用价格工具来实现调峰,因此,这对整个电力系统效率是有好处的。但该模式更多的只是实现电网负荷的调节,对能源结构的影响和低碳发展的作用则相对有限。

第二种模式是依靠"储能＋可再生能源"建立独立微电网,与电网分离运行。这一微电网是一个完整的自我控制系统,作为完整的电力系统,能实现功率平衡控制、系统运行优化等方面的功能,可以孤立运行。它能够彻底摆脱对于传统能源和大电网的依赖,可以实现灵活按微小区域划分的电力自足系统。

微电网还可以与电网并网运行,这就是现实中常常会看到的第三种模式,即"储能＋可再生能源＋大电网"。储能在其中起到了平滑可再生能源的作用,但还可以和大电网互通有无,交换一部分的电能,用户可以根据电价进行权衡后选择最优的储能规模。根据目前电池投资的盈亏点,该模式要想实现经济上的吸引力,还需要电池与可再生能源成本的进一步降低。

4. 传统的哪些东西会被替代? 是否需要做好提前应对预案?

一旦可再生＋储能的模式在成本上可行,其推广的速度一定会超越想象,而大规模的能源替代势必颠覆已有的传统能源格局,需要提前做好准备。如果火电能够被替代,煤炭行业是否会完全转型? 从电动车的角度来说,如果石油能够被替代,那么整个世界能源体系乃至政治体系有可能因此而改变。中石油是否会大规模失去现有的经营业务? 产油国的经济结构是否会完全改变? 世界美元石油格局是否会失去源泉?

5. 政府应该做的事情:及时地调整,同时发展可再生与储能

鉴于储能对人类未来能源的重要性,中国在储能技术方面不能落后于其他国家。因此,对储能的发展需要有清晰的战略规划和政策措施。政府多个部门已经开始认识到储能的重要性,在2015年启动了储能"十三五"规划课题研究。政府应把对储能技术发展的重视程度提高到至少与可再生能源相等同的地位,考虑对储能投资(包括储能研究)给予直接补贴或税收抵免,也可以由政策性银行提供优

惠利率的贷款。

政府还需要尽可能营造一个支持储能发展的市场环境。目前市场机制的确存在不足。例如,储能的价值没有得到合理的补偿,虽然一些地区实行峰谷电价,但峰谷时间段的划分及相应电价的制定还缺乏经济合理性。因此,政府可以结合目前的电力市场化改革,采用更加灵活的电价机制,用市场化的手段促进储能发展。例如,扩大峰谷电价实施的范围和优化电价,设定储能电价,允许储能作为电源接入电网,等等,对储能的电网调频等作用给予合适的补偿。

在微观层面,政府也可以有所作为。对于储能产业链中具有规模经济效应的链条,要集中资源做大做强几家优势公司。政府可以在维持可再生能源上网电价补贴的基础上,逐步提高接入标准,要求可再生能源企业必须配置一定的储能容量等方式,来满足供应的稳定性;还可以通过促进微电网的发展来间接促进储能技术发展。此外,在储能技术的研发与应用上,支持企业和高校联手,特别要重视系统集成等薄弱环节的支持力度。

对于可再生能源与储能结合的系统,储能策略对系统经济性的重要性可能高于储能设备本身成本的重要性。因此,政府在大力推进储能设备发展的同时,也应当倡导电池储能与可再生能源发电的结合,积极建立试点,扶持可再生能源与储能结合系统的试验性项目,在实践中找到最适应中国现状、最适应项目安装地点的储能策略,为日后大规模可再生能源发电的利用打下良好基础。

与工业用电结合的分布式光伏项目可能是电池储能最易介入,而且是最容易盈利的主体。可再生能源与储能相结合的系统,要想其达到最优的经济效益,关键在于对可再生能源发电的有效预测。因此,政府在大力发展风能、光伏的同时,也应该建立平台,及时更新分享相关发电与气候数据,提供有效的发电预测信息。

第 2 章　储能投资经济性与电网最优定价
——从中国的电力市场谈起

随着可再生能源渗透的增加及分布式电网的发展,储能在电力行业发挥着越来越重要的作用。由于可再生能源具有波动性与间歇性的特点,大规模并网会给电网带来冲击,而储能具有平滑输出与削峰填谷等作用,能有效地帮助电网消纳可再生能源,因此,储能的发展是转变能源结构的关键环节。

传统上,储能的发展一直受到高成本的制约。近年来,储能技术的成本有了较大幅度的降低,但储能投资在经济上是否具有吸引力还是一个有争议的话题,由此也引出了是否需要对储能投资进行补贴以及如何补贴等问题。此外,从国外的发展经验可以发现,储能的发展可能对电网和外部环境带来一定的影响,特别是当私人成本与社会成本不一致时,储能可能具有负的外部性。那么,如何通过设计合理的价格机制来促进储能的发展就成了一个十分有价值的问题。本章从中国的电力市场出发,对现有电价机制下储能投资的经济性进行分析。并在其基础上,建立电网的最优定价模型,以解决储能大规模发展可能对电网带来的冲击问题。

2.1 储能概述

2.1.1 储能技术及其重要性

广义上来说,储能包含了储电、储热和储氢。而通常意义上的储能一般是指储电。电力储能又可以分为机械储能、电化学储能和电池储能三个大类、几十个小类(Luo et al.,2015)。其中已较为成熟地进行商业化应用的包括抽水储能和压缩空气储能,这两种储能技术通常又称为大规模储能技术。此外,电池储能具有使用灵活、能量存储密度高、输出响应快等优点,具有较为明显的应用优势。近年来,随着电池成本的不断下降,电池储能得到了迅速的发展。目前已经开始商业化或即将商业化的电池储能技术包括钠硫电池、钒流电池、锂电池等。

储能技术在支持电网与可再生能源上有着广泛的应用,归纳起来主要有以下几项:

(1) 实现电力调峰,减少高峰负荷及对应的电网投资和电源投资(Barzin et al.,2015;Upshawa and Rhodesa,2015;Anuta et al.,2014)。电力的需求在每分钟、每小时都不同,而且具有季节性变化的特点,这就给电网和电源端带来了很大的问题。传统上整个电力系统的最大容量可能仅仅是为了满足全年几个小时的高峰负荷,在大部分时间里电网与电源端都以较低效率的状态运行。而使用储能技术,则可以帮助其削峰填谷,平滑电力需求,使电力系统更加高效地运行(Sioshansi et al.,2009;Eyer,2009)。

(2) 提高可再生能源的渗透率。以光伏发电和风电为代表的可再生能源具有间歇性和不稳定性的特点,目前的电网无法消纳可再生能源的大规模渗透。随着可再生能源发电成本的不断下降,电网的接纳能力已经成为制约可再生能源发展的重要因素。而通过储能则可以帮助存储额外的电力,同时抑制电压的波动,使电源输出更加平衡。

(3) 促进分布式电源(distributed generation,DG)和微电网的发展(Ma et al.,2015;Notton,2015)。与远距离输电相比,分布式发电和微电网是一种更加环保、高效的供电体系,而微电网的发展则离不开储能技术的支持。储能技术能有效地帮助微电网进行调峰,并提升微电网的电能质量。

(4) 通过电力套利,促进电力市场更加高效地运行。储能获得收益的一个主要手段就是利用峰谷时间的电价差进行电力套利。而电力套利的一个潜在好处就是迫使电网开始考虑电力的边际收益与边际成本。这将有助于解除对电力市场的管制,使电力市场按市场化的手段更加高效地运行。

随着中国经济的快速增长,能源资源给经济社会发展带来的压力也日趋显现。根据测算,到 2020 年中国的能源需求将可能上升到 45 亿～52 亿吨标准煤(Jiang and Lin,2012)。而到 2030 年,中国的能源需求可能达到 86 亿～90 亿吨标准煤(Brockway et al.,2015)。在未来,能源短缺将有可能成为制约中国经济发展的巨大障碍。为了应对这个问题,重要的解决方法是大规模发展可再生能源。而没有储能技术的配合,可再生能源是无法大规模并网的。所以说,储能技术的发展是支撑中国可再生能源发展和能源结构变革的关键。

2.1.2 全球储能发展现状

截至 2015 年,全球电力储能系统的装机容量为 144 吉瓦,占到了全球电力装机容量的 3%,这其中绝大部分都是抽水储能。从功率上看,抽水储能占比约为 98%(图 2-1);而从储电量来看,抽水储能占比更是达到了 99% 以上[①]。在电池储能技术有效突破以前,储能行业一直都是以抽水储能为主导的。

如图 2-2 所示,从各国储能的发展情况上看,2015 年储能装机主要集中在发

---

① 资料来源:国际电工委员会(International Electrotechnical Commission,IEC),*Electrical Energy Storage White Paper*。

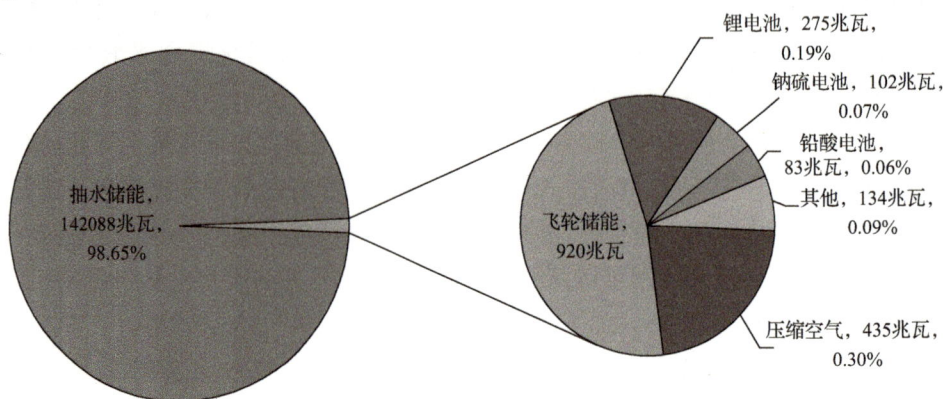

图 2-1　按类型分全球储能装机容量

资料来源：美国能源部（Department of Energy，DOE），笔者整理制图

达国家。其中装机容量前 10 位有 8 个是发达国家，发展中国家只有中国和印度。此外，装机的地区较为集中，排名前三位的日本、中国和美国的装机就占了接近全球的一半。

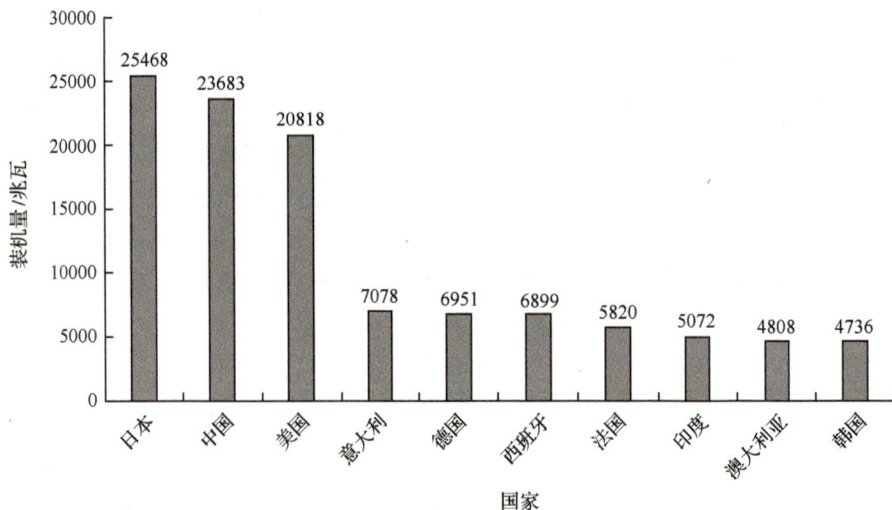

图 2-2　各国储能装机容量

资料来源：美国能源部，笔者整理制图

近年来随着电池成本的不断下降，电池储能得到了迅速的发展。根据已装机项目的统计，近年来电池储能的复合增长率在 25％ 左右（图 2-3）。根据对未来全球公用工程级储能市场的预测，到 2020 年，电池储能的市场规模约为 39 亿美元，

年复合增长率达 25.1%,远高于储能市场整体 16.4% 的复合增长率①。2015 年电池储能领域占主导地位的是美国,其 288 兆瓦的装机容量几乎占了全球电池储能装机容量的一半。

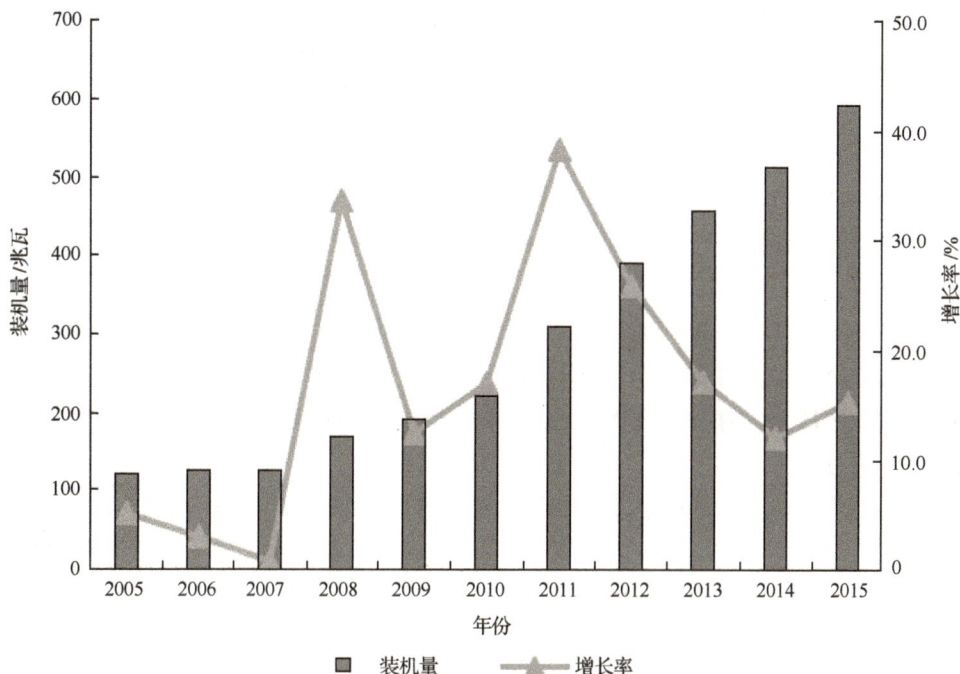

图 2-3　2005～2015 年电池储能装机容量增长

资料来源:美国能源部,笔者整理制图

　　从 2015 年已装机的储能项目的用途上看,占主导的应用还是电力调峰,其规模约为 138.4 吉瓦。然后是应用于支持可再生能源,这部分的规模约为 2.8 吉瓦。当然,一个储能项目可能同时肩负多项功能。而从正在建设与规划的项目上看,微电网和调频将是未来储能应用的热门方向。

　　一直以来,欧洲、美国、日本等国家和地区都十分重视储能技术的发展与应用。美国能源部专门建立了全球储能数据库,用于对全球储能项目进行追踪。同时其内部也设立了多个部门来促进与规范储能的发展。IEA 等国际机构在几年前也都专门成立了针对储能项目的研究团队。各国相继制定了许多促进储能发展的政策。据不完全统计,美国联邦和州层面针对储能的法案与政策就达到了 21项。欧洲和日本针对储能也有不同的扶持政策。总结起来,可以分为以下几类:

---

① 资料来源:BCC Research, *Utility-scale Electricity Storage Technologies*:*Global Markets*。

（1）针对储能投资的投资税收减免。例如，美国国会 2011 年通过的 S.1845 号储能法案就对储能投资给予了 20％的联邦税收抵免。

（2）对储能设备的投资给予直接补贴。例如，德国在 2013 年与 2014 年共拨款 5000 万欧元对中小规模的光伏发电系统配套的储能系统进行直接补贴，日本也对符合标准的接入电网的电池储能项目给予相当于投资额 1/3 的直补。

（3）利用市场化的机制增加储能投资收益。例如，欧洲国家普遍采用拉大峰谷电价差的方式，来增加储能投资的收益。而美国联邦能源管理委员会（Federal Energy Regulatory Commission，FERC）的第 755 号和第 784 号法令，制定了市场化的调频服务补偿。FERC 的第 719 号和第 890 号法令则为储能接入电力市场提供了政策上的保障。

（4）政府或电网企业直接进行储能投资。例如，加利福尼亚州要求其境内三大电力公用工程公司要在 2014～2024 年安装 1.33 吉瓦的储能系统。日本政府则出资 200 亿日元，委托北海道电力公司等安装电池储能系统以增加对可再生能源的消纳能力。

（5）对储能技术的研究进行补贴。例如，奥巴马政府 2009 年 8 月宣布拨款 24 亿美元，用于支持环保电动汽车和储能电池的研发与制造。日本政府则对钠硫电池等从开发研发到应用等各环节都给予高额的补贴。

由于储能技术具有诱人的应用前景，其也受到了投资界越来越广泛的关注。根据创投网站"资本实验室"的统计，2014 年全球储能行业吸引的风险投资项目达到 81 个，投资金额为 10.2 亿美元。同时，近些年产业资本也纷纷增加储能方面的投资，这当中最有影响的要数特斯拉与松下等公司合作投资 50 亿美元兴建的超级锂电池工厂 Gigafactory。该项目预计 2017 年投产，最终产能将达到 35 吉瓦。该产能超过了 2013 年全球锂电池产能的总和。

2.1.3 中国储能发展现状与问题

中国已投入运行的公用工程级储能装机容量为 23.6 吉瓦，排在世界的第二位。这当中绝大部分都是抽水储能。如果单从电池储能来看，中国的装机容量只有 48.4 兆瓦，仅相当于美国的 1/6。应该说，中国的储能行业才处于刚刚起步的阶段，与国外的先进水平还存在较大的差距。目前国内储能行业发展面临的问题主要有以下几个方面：

第一，从技术上看，中国的储能行业整体还处于大而不强的状态。以电池储能为例，中国是一个电池生产大国，中国的锂电池产能占全球的 27％。但是在电池的上游原材料方面及下游的系统集成和应用方面还处较低的水平，如高附加值的隔膜主要还是从美国和日本进口。而且国产电池在性能方面与日本和韩国仍有着较大的差距,导致了高端市场的占有率持续萎缩。

第二,国内储能发展的技术路径不清晰,缺乏整体规划,投资一哄而上。2015年1~7月仅动力锂电池行业就吸引了超过400亿元的资本,盲目投资导致电池行业亏损面扩大。中国有着丰富的锂矿储量,但开发成本高,且缺乏锂矿的定价权。锂矿价格基本上是 SQM(智利化学矿业公司)、FMC(美国富美实公司)等少数几家公司决定的。

第三,在市场机制方面,中国也存在着不足。由于电力市场化改革尚未完成,储能在发电和输配电方面的价值没有办法得到合理的补偿。虽然中国部分地区实行了峰谷电价政策,但电价的设定基本是由政府管制的,对峰谷时间段的划分及相应电价的制定还需要更加合理地规划。而且目前对储能还缺乏系统的经济性研究,一些政府主导的示范项目缺乏经济性方面的考虑。

第四,在政策方面,目前还缺乏清晰的规划与扶持政策。由于中国储能行业起步得较晚,与美国、欧洲、日本等国家和地区相比,中国在促进储能的发展上缺乏应有的重视。虽然国家发改委和国家能源局等多个部门已经开始认识到储能发展的重要性,但是在政策执行上尚没有具体的规定。

2.1.4　储能的经济性评价

尽管储能投资在许多国家和地区享受了补贴,但是其获得盈利主要还是通过电力套利和调频服务两种模式。其中,利用电力不同时段的价格差进行套利是储能系统获得收益的主要形式。该模式下,用户可以在电价低时储电而在电价高时由储能系统供电。目前对美国和欧洲市场的研究表明,现有的储能技术在电力套利上已经具备经济上的吸引力(Walawalkar et al.,2007;Krishnan and Das,2015;Das and Krishnan,2015)。此外,储能在与可再生能源结合方面也颇具潜力(Andresen et al.,2014)。

电力套利是促进储能发展的一种市场化的手段。从电网的角度来看,电力套利的存在使得电网可以利用价格工具来实现调峰,因此是有好处的。在中国的许多电力输入地区,为了平衡电网负荷,实行了峰谷电价的定价政策,这就给针对电力套利的储能投资提供了机会。但之前很少有文献对中国的电力套利进行过经济性的分析。2.2节参考已有的电力套利模型,并结合中国的电力市场特点,建立针对中国市场的电力套利模型。该模型可以根据给定的电价和用电负荷模式,计算得到最优的储能规模和操作模式。在套利模型的基础上,就可以对不同地区的储能投资进行经济性评价。

储能的投资成本是影响储能投资经济性评价的关键考量因素。近年来,随着技术的快速进步,电池储能的成本不断地下降。这也导致了现有研究对电池储能的成本估算与其实际成本之间存在着较大的偏差。如果用旧的观念来看待电池储能,可能会做出错误的结论。例如,Zakeri 和 Syri(2015)整理了近年来关于储能成本的数据,并对储能的生命周期成本进行了计算,其中锂电池的成本均值在 546 美元/千瓦时,锌电池的成本均值为 220 美元/千瓦时。而特斯拉于 2015 年 4 月推出的商业化锂电池系统 Powerwall 的价格只有 350 美元/千瓦时[①],EOS(厄俄斯能源存储公司)的商业化锌电池的价格也只有 160 美元/千瓦时[②]。鉴于近年来储能技术较高的技术进步率,对其进行技术经济评价时有必要采用最新的成本数据。

2.1.5 储能对电网和环境的影响

储能的发展也会对电网和环境带来一定影响。主要体现在以下几个方面:

第一,储能的发展反过来会对电网的供给侧与需求侧带来影响,进而影响电价。例如,由于储能规模的扩大,奥地利-德国的电力市场的峰谷价差逐年缩小,这也反过来导致储能的收益减少。

第二,储能对碳排放和污染物排放的影响。储能系统在能量存储与释放的过程中也会有一定的电力损失,因此最终的用电量是增加的。对美国市场的一些研究就表明,在目前传统能源占主导的情况下,储能的存在将增加碳排放和其他污染物的排放。但从另一个角度来看,由于储能的存在,电网和电源端能够以更高的效率运行。而且不同的储能技术在使用过程中能量的损失率是不同的。因此,要评价储能对环境的影响,还是需要结合电网、电源端和具体的储能技术进行综合的分析。

第三,储能对社会福利的影响。从消费者效用的角度出发,每单位电能在需求高峰时带来的效用是高于需求低谷的。因此,储能是能增加社会总体福利的。

针对储能可能带来的外部影响,结合中国电力市场的实际情况。本章的 2.3 节分析储能大规模发展后对电网的影响。结果发现在现有的价格模式下,如果储能大规模发展,电网将承担巨大的成本。这也说明目前中国的电力定价模式不可持续。对此,我们又在套利模型的基础上,发展电网的优化定价模型。根据该模型的结果,全社会可以在较低的成本下促进储能投资的发展。

---

① 资料来源:特斯拉官网,http://www.teslamotors.com/powerwall。
② 资料来源:EOS 官网,http://www.eosenergystorage.com/。

2.2　储能投资经济性

2.2.1　经济性模型的构建

1. 电力市场的基本情况

中国是一个电力消费大国。2011 年,中国净发电量达到了 4.47 万亿千瓦时,超过美国当年 4.1 万亿千瓦时的年净发电量,跃居世界第一位。但同时,中国的电力资源分布很不均衡。用电负荷中心远离电源端的问题突出。2014 年中国全年跨区送电量为 2741 亿千瓦时,跨省输出电量为 8420 亿千瓦时。跨省输电量占全年用电量的比例达到 15.3%[①]。为此,国家每年需要花费巨资进行输电线路的投资。

中国的输配电目前主要由国家电网公司和南方电网公司垄断,而电价则是由国家发改委根据电网公司成本报表结合地区发展情况制定的。由于资源禀赋、地理条件和经济发展水平不同,中国各省的电价制定有着较大的差异。为了缓解用电高峰时段的电源端与输配电环节的压力,许多电力输入省份或地区都已经实行峰谷电价的政策。表 2-1 列出了几个执行峰谷电价地区的定价方式。由于部分地区夏季制与非夏季制的电价政策也不同,但夏季制实行的时间较短,且其与非夏季制的电价差异不大,所以统一采用非夏季制的电价。

表 2-1　不同地区电价

地区	峰时段		平时段		谷时段	
	时间段	电价/(元/千瓦时)	时间段	电价/(元/千瓦时)	时间段	电价/(元/千瓦时)
北京一般工业	8:00~11:00 18:00~21:00	1.4182	7:00~8:00 15:00~18:00 21:00~23:00	0.8925	23:00~7:00	0.3928
北京商业	8:00~11:00 18:00~21:00	1.4402	7:00~10:00 15:00~18:00 21:00~23:00	0.9145	23:00~7:00	0.4148

---

① 资料来源:中国电力企业联合会,《2015 年度全国电力供需形势分析预测报告》。

续表

地区	峰时段		平时段		谷时段	
	时间段	电价 /(元/千瓦时)	时间段	电价 /(元/千瓦时)	时间段	电价 /(元/千瓦时)
上海	8:00～11:00 18:00～21:00	1.2260	6:00～8:00 11:00～18:00 21:00～22:00	0.7640	22:00～6:00	0.3630
天津	8:00～11:00 18:00～23:00	1.3689	11:00～18:00	0.9149	23:00～7:00	0.4829
广东(广州 等五市)	14:00～17:00 19:00～22:00	1.0766	8:00～14:00 17:00～19:00 22:00～24:00	0.6525	0:00～8:00	0.3263
深圳	14:00～17:00 19:00～22:00	0.9778	8:00～14:00 17:00～19:00 22:00～24:00	0.6930	0:00～8:00	0.3090
浙江	8:00～11:00 13:00～19:00 21:00～22:00	1.1426	—	—	11:00～13:00 22:00-8:00	0.6196
江苏	8:00～12:00 17:00～21:00	1.4585	12:00～17:00 21:00～24:00	0.8751	0:00～8:00	0.3917
河北南网	8:00～11:00 18:00～23:00	0.9562	7:00～8:00 11:00～18:00	0.4310	23:00～7:00	0.3653

注：由于电价不断变化，表2-1电价根据2015年7月数据整理

资料来源：国家电网官方网站，http://www.sgcc.com.cn；南方电网官方网站，http://www.csg.cn/

　　从表2-1中的数据可以看出，大部分地区采用的是峰谷平三级定价的方式。且峰谷电价之间的差值较大。这就为电力的跨时套利提供了条件。

2. 储能系统

　　储能系统的布局如图2-4所示，其包含了电池系统、逆变器、交流电路及控制器。由于电池输入与输出的都是直流电，因此在充放电时需要通过逆变器进行直流—交流的转换。

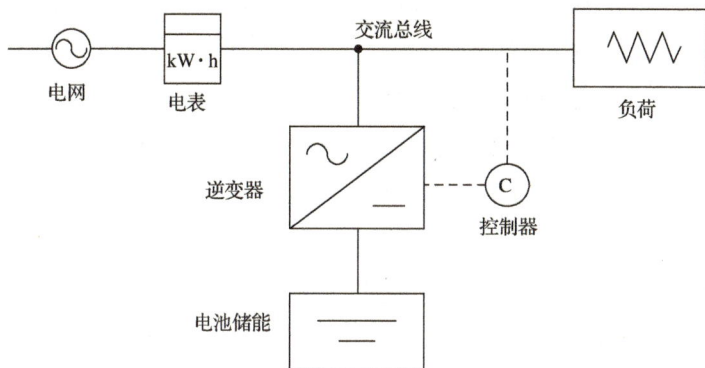

图 2-4　储能系统布局图

本部分的研究中只考虑储能系统在电力套利中的经济性,因此不考虑与可再生能源的结合。受到目前上网政策的制约,储能系统的供电只供用户自己使用,而不向电网售电。用户在电价较低时直接从电网购电,而在电价较高时则由储能系统提供电力。因此,电力套利的过程实际上是优化电力使用的过程,其收益来源于用户电费支出的节约。

3. 电力套利模型

目前对储能进行经济性评价的方法有很多。Lamont(2013)建立了一个关于确定储能最优规模与最优操作模式的模型。该模型以小时为单位,对全年进行优化。由于一年有 8760 小时,因此仅不同时间的储电量的不等式约束就有 17520 个(8760×2),这给优化计算带来一定的困难。对此,Lamont 将储能过程划分为不同时间段,每个时间段对应一个充放电周期。一个周期结束后才开始下一周期的优化计算。该方法虽然无法保证得到的是全局最优解,但对于处理有着大规模约束条件的储能的优化问题不失为一种好的方式。由于储能投资实际上是边际成本递减的,其给出的方法是当储能投资的边际收益与边际成本相等时的储能规模即为最优的投资规模。Bradbury 等(2014)同样采用了对全年进行优化的方式,对美国的 7 个电力市场进行了储能套利的经济性分析。其模型中以 IRR 最大化为优化目标。Hoppmann 等(2014)在对储能＋光伏的分析中,则以投资的净现值最大化为优化目标,其中净现值为各期的成本节约额贴现后减去投资成本。

针对中国的电力市场进行套利的问题,可以进行一定的简化。主要原因是在中国受到管制的电力市场下,定价模式每天都是重复的,即在每天的同一时间点,电价基本是相同的。因此,在优化的过程中不需要对全年的电价数据进行追踪,而只需要考虑针对日内电价进行套利计算。综合现有的套利模型,并结合中国电力市场的特点,我们建立以下模型。

如式(2-1)所示,我们的电力套利模型优化的目标为最大化投资收益的净现值。其中,净现值为每千瓦时的储能投资的息税前利润折现值减去初期的投资额,再加上残值。如式(2-2)所示,其中 lifetime 为设备的使用年限,R 为贴现率,EBIDA 为息税前利润,TCC 为 1 千瓦时的储能系统的资本投资,Res 为残值。由于相关的残值不易确定,所以在我们的分析中,将残值设定为 0。

$$\max \text{NPV} \tag{2-1}$$

$$\text{NPV} = \sum_{i=1}^{\text{lifetime}} \frac{\text{EBIDA}}{(1+R)^i} - \text{TCC} + \text{Res} \tag{2-2}$$

TCC 为总投资成本,如式(2-3)所示,其值等于储能投资成本与逆变器投资成本的加和。由于针对的是分布式储能,所以不考虑场地投资的成本。

$$\text{TCC} = \text{CC}_{\text{Stor}} + \text{CC}_{\text{Inver}} \tag{2-3}$$

式(2-4)给出了 EBIDA 的计算公式,其等于年化的息税前支出减少除以存储能力。每天的成本支出减少额由式(2-5)给出,其值为优化前后的用电支出的差值。优化前的用电支出见式(2-6),其等于不同时间段的用电量乘电价的加和。式(2-6)中 c_i 为 i 时刻消费者的用电量,p_i 为 i 时刻的电价。优化后的用电支出见式(2-7),其等于不同时间段从电网的购电量乘以电价的加和。式(2-7)中 g_i 代表 i 时刻从电网的购电量。

$$\text{EBIDA} = \frac{365 \times \text{Cost\_red}_{\text{day}}}{\text{Storage Capacity}} \tag{2-4}$$

$$\text{cost\_red}_{\text{day}} = \text{cost}_{\text{ori}} - \text{cost}_{\text{opt}} \tag{2-5}$$

$$\text{cost}_{\text{ori}} = \sum_{i=1}^{24} c_i \times p_i \tag{2-6}$$

$$\text{cost}_{\text{opt}} = \sum_{i=1}^{24} g_i \times p_i \tag{2-7}$$

不同时间段储能系统的储电量按式(2-8)计算,其值等于上一小时初的储能量加上一小时的新增存储量。如式(2-9)所示,一天之中的储能系统净输出为 0。而从电网的购电量则按式(2-10)计算,其值等于消费者的用电量减去储能量。在计算储能量时逆变器和电池的效率考虑在其中。

$$s_t = s_{t-1} + x_{t-1} = s_0 + \sum_{i=1}^{t-1} x_i \tag{2-8}$$

$$\sum_{i=1}^{24} x_i = 0 \tag{2-9}$$

$$g_i = \begin{cases} c_i - \dfrac{x_i}{\eta_{\mathrm{inv}} \times \eta_{\mathrm{bat}}}, & x_i < 0 \\ c_i - \dfrac{x_i}{\eta_{\mathrm{inv}}}, & x_i \geqslant 0 \end{cases} \tag{2-10}$$

用矩阵 $\boldsymbol{X}$ 代表不同时间段的储能系统净输出,矩阵 $\boldsymbol{S}$ 代表不同时间储能系统的储能量,矩阵 $\boldsymbol{C}$ 代表不同时间的客户用电量。模型中假设放电的功率上限相等,式(2-14)给出了每小时的充放电量不得超过电源功率的限制。而式(2-15)则给出储电量的限制。各时间段内的储电量应小于存储容量且大于零。另外,假设消费者只能从电网购电,而无法向电网卖电,那么有式(2-16)的约束条件。

$$\boldsymbol{X} = \begin{bmatrix} x_1 & x_2 & \cdots & x_{24} \end{bmatrix}_{1\times24}^{\mathrm{T}} \tag{2-11}$$

$$\boldsymbol{S} = \begin{bmatrix} s_1 & s_2 & \cdots & s_{24} \end{bmatrix}_{1\times24}^{\mathrm{T}} \tag{2-12}$$

$$\boldsymbol{C} = \begin{bmatrix} c_1 & c_2 & \cdots & c_{24} \end{bmatrix}_{1\times24}^{\mathrm{T}} \tag{2-13}$$

$$-1 \times \mathrm{power} \leqslant \boldsymbol{X} \leqslant \mathrm{power} \tag{2-14}$$

$$0 \leqslant \boldsymbol{S} \leqslant S_{\max} \tag{2-15}$$

$$\boldsymbol{C} - \boldsymbol{X} \geqslant 0 \tag{2-16}$$

优化计算利用 Matlab 的最优化工具箱求解。如式(2-17)所示,模型的决策变量为储能投资的规模、初始储能量和各小时的系统净输出。式(2-2)~式(2-7)可用于构造目标函数式(2-18)。式(2-8)、式(2-14)~式(2-16)可构建不等式约束式(2-19)。式(2-9)可构建等式约束式(2-20)。

$$\mathbf{Input} = \begin{bmatrix} S_{\max} & S_0 & x_1 & \cdots & x_{24} \end{bmatrix}_{1\times26}^{\mathrm{T}} \tag{2-17}$$

$$\mathrm{NPV} = f(\mathbf{Input}) \tag{2-18}$$

$$\boldsymbol{A}_{\mathrm{uneq}} \cdot \mathbf{Input} \leqslant \boldsymbol{B}_{\mathrm{uneq}} \tag{2-19}$$

$$\boldsymbol{C}_{\mathrm{eq}} \cdot \mathbf{Input} = \boldsymbol{D}_{\mathrm{eq}} \tag{2-20}$$

4. 输入设定

为了比较不同负荷模式下的最优储能规模与投资收益,我们假设了六种负荷模式。图 2-5 给出了这六种模式的 24 小时动态负荷曲线,其中负荷都进行了标准化的处理。

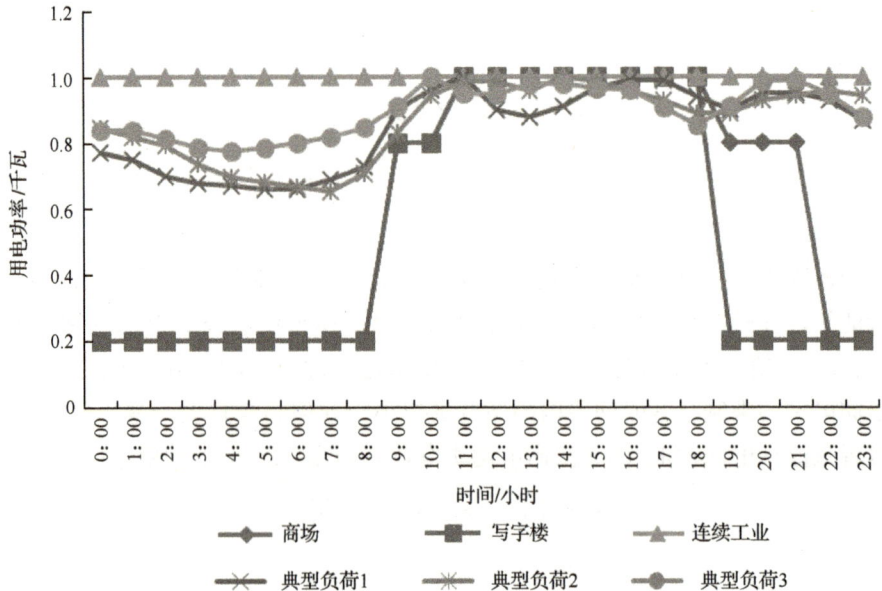

图 2-5　负荷模式的 24 小时用电功率

表 2-2 给出了模型计算中的电池和电源系统的参数设置。其中储能系统的参数主要参考特斯拉 Powerwall 的技术参数。另外,考虑到锂离子电池在使用过程中存在衰减,所以有效的储能容量按 80% 计算,相应地增加到储能投资的成本中。此外,逆变器的成本和效率也考虑在其中。在充放电过程中逆变器的效率均按照 0.97 来计算。

表 2-2　参数设置

参数名	单位	数值
贴现率	—	0.06
储能设备成本	元/千瓦时	350×6.25/0.8
逆变器成本	元/千瓦	800
最大输出功率/储能量	1/小时	0.25
充放电效率	—	0.92
逆变器转换效率	—	0.97
使用寿命	年	10

电池储能在微电网中具有重要的地位。但传统上认为,电池储能仍然受制于较高的成本或其他技术因素,暂时还无法进行大规模的商业应用。目前一些关于

电池储能研究的成本数据还停留在数年前的水平,且不同文献来源的成本估算数据差别很大(Dunn and Tarascon,2011)。这就给储能技术的经济性评价带来了一定的困难。事实上,储能技术进步非常快,成本也得到了大幅的下降。要对储能进行经济性评价,必须采用最新的商业化产品的数据。表2-3给出了几个比较典型的商业化电池储能产品的技术参数。

表2-3 几种商业化电池的参数

电池型号	特斯拉 Powerwall	特斯拉 Utility (估计)	Eos Aurora 1000|4000	Imergy (当前值)	Imergy (计划值)
电池类型	锂离子	锂离子	锌电池	钒流电池	钒流电池
能源转换效率/%	92	92	75	70~75	70~75
使用寿命/年	10	10	15	30	30
循环次数/次	5000	5000	5000	10000	10000
成本/(美元/千瓦时)	350	250	160	500	300

资料来源:根据 http://cleantechnica.com 及各厂商官网数据整理

2.2.2 经济性评价结果

1. 电力套利的投资收益

为了更加直观地对储能投资进行比较,可以使用单位投资的净现值来衡量投资的收益水平。如式(2-21)所示,单位投资净现值等于投资净现值除以投资支出。

$$\mathrm{NPV_{unit}} = \frac{\mathrm{NPV}}{\mathrm{TCC}} \tag{2-21}$$

表2-4给出了在最优的储能投资规模下,各地的不同负荷模式下单位投资的

表2-4 最优条件下不同负荷模型的单位投资净现值 单位:元/元

地区	商场	写字楼	连续工业	典型负荷1	典型负荷2	典型负荷3	平均
北京1	—	—	0.06	0.06	0.02	0.06	0.05
北京2	0.05	0.05	—	0.05	0.04	0.05	0.05
上海	−0.11	−0.11	−0.11	−0.11	−0.11	−0.11	−0.11
天津	−0.04	−0.04	−0.04	−0.04	−0.04	−0.04	−0.04
广州等	−0.21	−0.21	−0.21	−0.21	−0.21	−0.21	−0.21
深圳	−0.35	−0.35	−0.35	−0.35	−0.35	−0.35	−0.35
浙江	−0.32	−0.32	−0.32	−0.32	−0.32	−0.32	−0.32
江苏	0.23	0.22	0.23	0.23	0.23	0.23	0.23
河北	−0.20	−0.20	−0.20	−0.20	−0.20	−0.20	−0.20

净现值。对于每一个地区的每一种负荷模式,模型都会给出一套最优的方案。最优的方案包含了最优的投资规模和操作模式。

　　每一个具体的负荷模式与定价模式,都会有一组最优的操作模式。由于篇幅所限,无法全都展示。在这里仅给出一个具体的实例(图 2-6),该例子示范了江苏省的商场类负荷用户在经过优化后的 24 小时的动态模拟曲线。其中从电网的购电量是电力消费量加上储能系统的充放电量,总储电量是指在不同时间存储在储能系统中的电量。

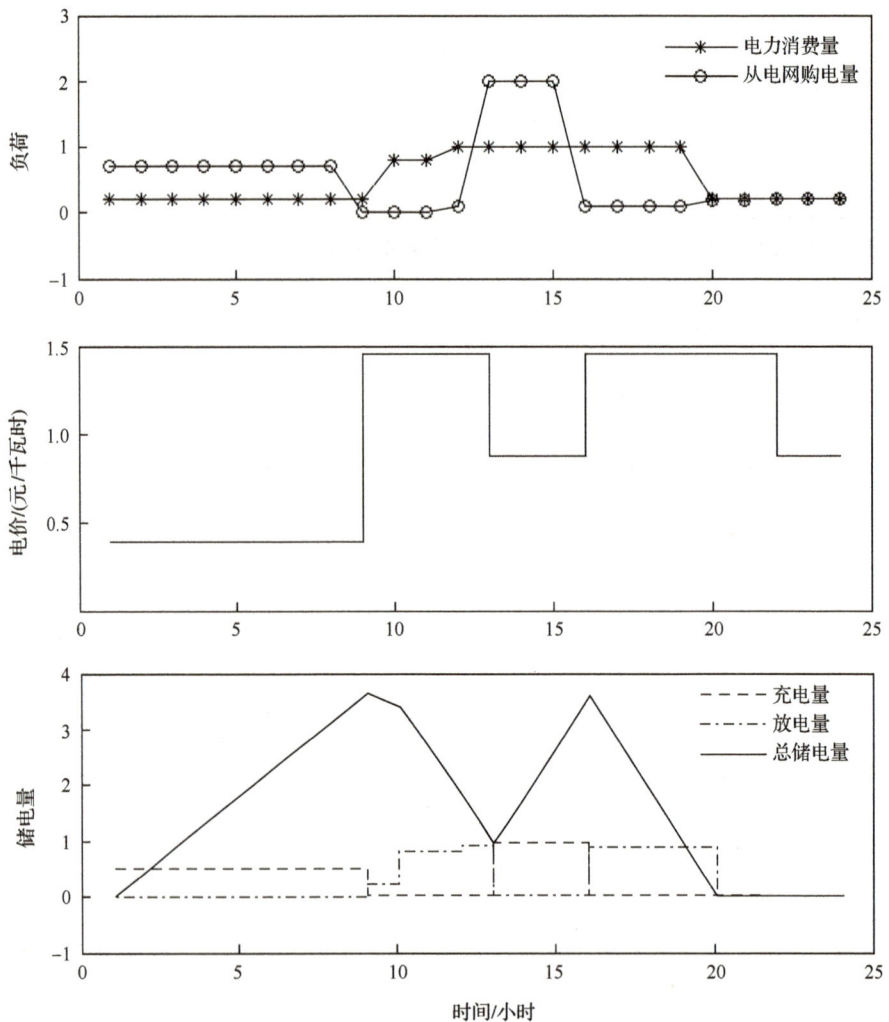

图 2-6　最优操作模式下系统的 24 小时动态参数曲线

2. 外部性影响

储能系统在运行的过程中,在低电价时充电,在高电价时放电。由于私人投资只考虑私人收益的最大化,而不会考虑到外部成本,因此,要对储能的社会收益进行综合的评价,就有必要对储能投资的外部影响进行分析。从表 2-5 的数据可以看出,在电力套利下,总用电量有所增加,这主要是由于电能经过逆变器及充放电时会有一定的损失。此外,电网的收入有较大幅度的降低,降幅最高的江苏省其电网收入下降了 31.1%。而由于私人投资的决策只考虑利润最大化,在白天电价平值时也会进行储能(图 2-6 中 13 时至 16 时)。这使得在该时段的负荷有较大幅度的上升,购电高峰实际上转移到这一时段,最终导致了新的负荷高峰高于原先的水平。

表 2-5   储能系统的外部影响

地区	电耗增加 /%	电网收入 减少/%	高峰负荷 变化/%	储能量与每日 耗电量比/%	单位投资净 现值/(元/元)
北京 1	2.9	−16.4	63.8	12.3	0.053
北京 2	2.9	−16.0	62.3	12.1	0.052
上海	2.8	−15.4	57.1	11.7	−0.105
天津	3.3	−13.2	59.7	11.6	−0.044
广州等	3.8	−20.1	87.6	15.6	−0.212
深圳	3.8	−16.9	87.5	15.6	−0.351
浙江	4.6	−14.4	93.0	16.0	−0.317
江苏	6.7	−31.1	127.7	22.7	0.226
河北	3.3	−17.9	54.7	11.7	−0.197

3. 敏感性分析

储能投资的收益受到多种因素的影响。储能系统使用寿命、储能系统的投资成本、贴现率、峰值电价、谷值电价等都会对投资的收益带来影响。在敏感性分析部分,会定量地分析各因素的变化对投资收益带来的影响。这些工作也可以为储能的补贴政策的制定提供科学决策的依据。

特斯拉的 Powerwall 目前给出的保修期是 10 年,但实际上,在超过保修期后,电池可能还能继续使用数年。而且随着技术的进步,电池的使用寿命也在不断地延长。因此有必要进一步评价电池使用寿命对投资收益的影响。图 2-7 给出了不同的使用年限下单位投资净现值的变化。从图 2-7 中可以看出,在特斯拉 10 年的保修期内,有 3 个地区可以实现正的净现值收入。而如果按照 15 年的使用年限进行估计,则有 7 个地区可以实现正的净现值收益。而如果使用年限能够延长到 20 年,所有地区都可以实现正的净现值收益。

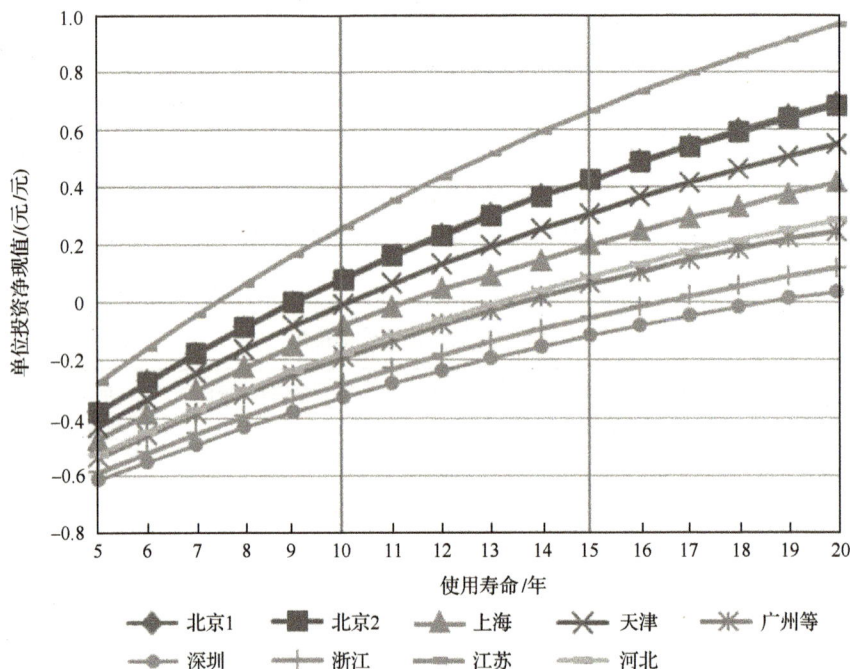

图 2-7　单位投资净现值与使用年限的关系

　　电池成本是影响投资收益的最关键的因素之一。图 2-8 给出了不同的电池成本下单位投资的净现值收益。利用其中的数据,一方面可以衡量技术进步后不同电池成本下的储能投资收益水平;另一方面也可以计算如果对储能投资进行直接补贴(补贴相当于减少了投资者的投资成本),会对投资收益带来怎样的影响。

　　在计算投资收益时对历年的收入进行了贴现,因此贴现率的变化也会对储能投资的收益产生影响。图 2-9 为不同利率下的投资收益情况,从图 2-9 中可以看出,投资收益随着贴现率的减小而上升。表 2-6 是根据世界银行发布的 2005 年至 2014 年十年间的中国平均利率。对于商业用户,其投资的贴现率可以按贷款利率来计算。对于家庭用户,其贴现率可以按存款利率来计算。如果假设未来电价随通货膨胀调整,那么贴现率可以按照实际利率来计算。

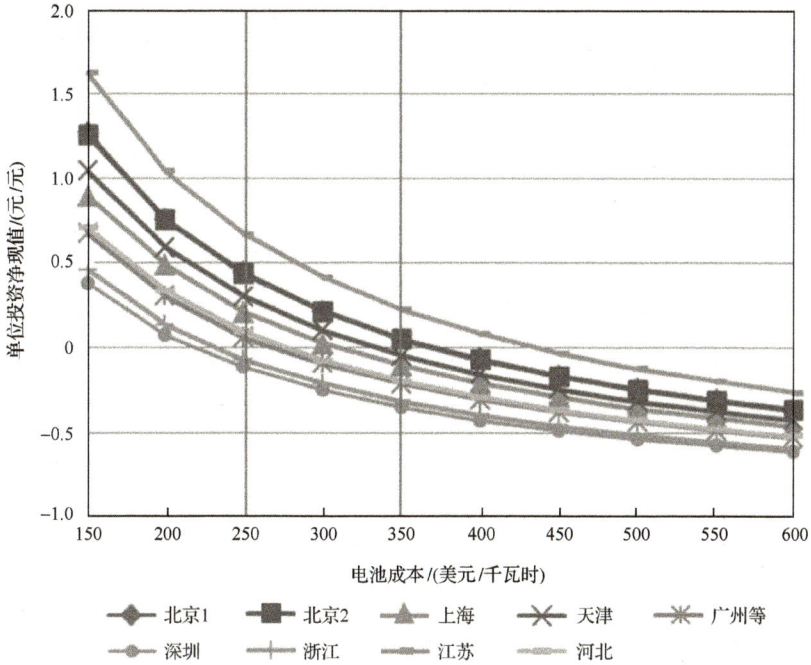

图 2-8　单位投资净现值与电池成本的关系

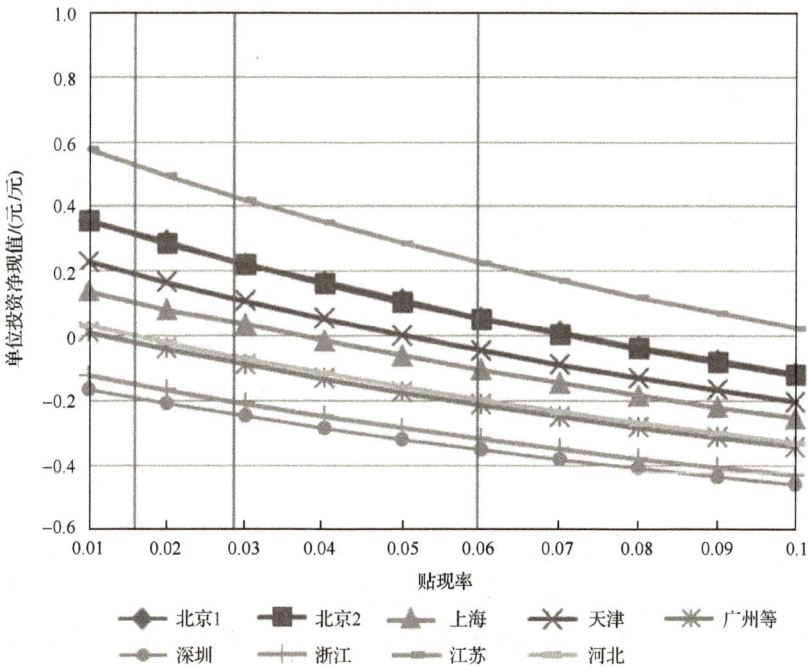

图 2-9　单位投资净现值与贴现率关系

表 2-6　2005～2014 年中国平均利率　　　　　　　　　　　单位：%

利率类型	数值
贷款利率	5.98
存款利率	2.84
实际利率	1.60

资料来源：世界银行数据库，http://data.worldbank.org.cn/,笔者整理制表

　　峰谷电价的变动也会对储能投资的收益产生显著的影响。图 2-10 和图 2-11
分别给出了峰值电价和谷值电价在不同的变化幅度下对投资收益的影响。

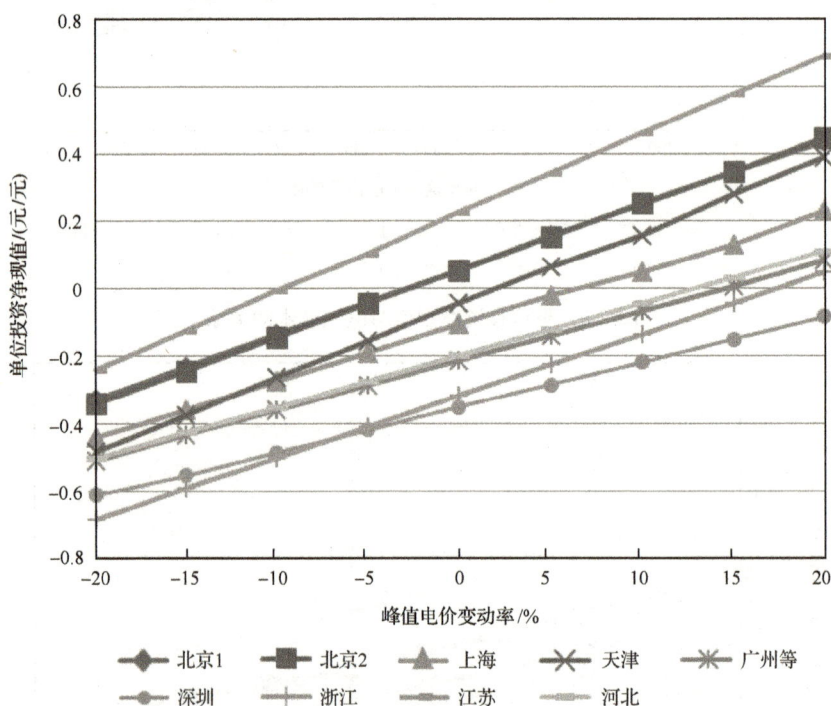

图 2-10　单位投资净现值与峰值电价的关系

4. 不同类型电池对比

　　如表 2-3 所示,目前不同品牌的商业化电池具有不同的特点。为了进行对比,
我们将不同电池的相关数据代入模型中,得到表 2-7 和表 2-8 的结果。从表 2-7 中
不同类型电池的投资收益净现值来看,特斯拉电池的投资收益并非最高的,采用
Eos Aurora 或 Imergy 能得到更高的净现值收益。这主要是由于 Eos Aurora 的

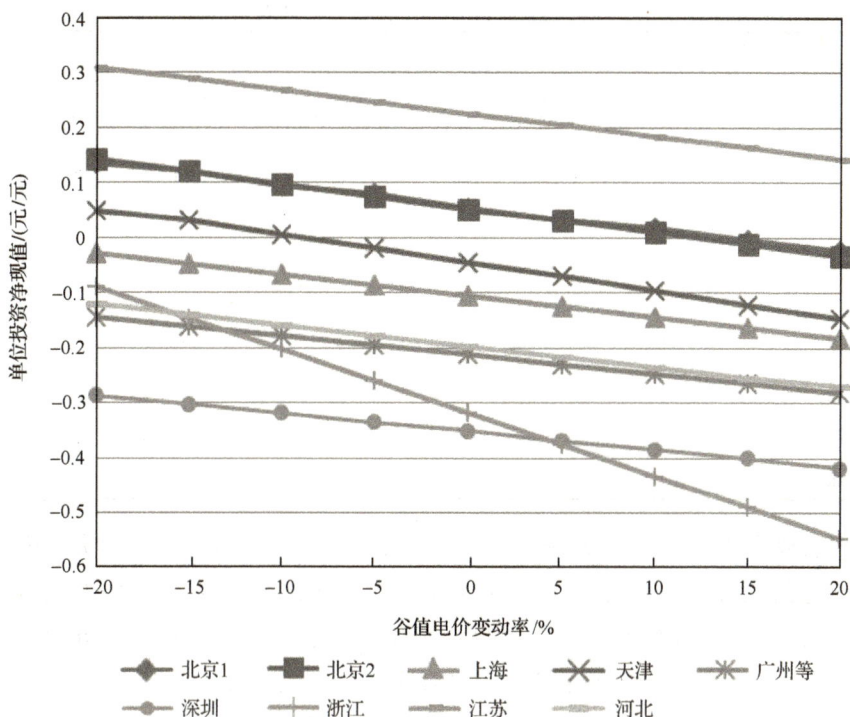

图 2-11 单位投资净现值与谷值电价的关系

成本更低，而且使用年限达到了 15 年，而 Imergy 甚至有着高达 30 年的使用寿命，这就使其最终的投资回报较高。

表 2-7 不同电池的单位投资净现值　　　　　　　单位：元/元

地区	特斯拉 Powerwall	特斯拉 Utility （估计）	Eos Aurora 1000|4000	Imergy （当前值）	Imergy （计划值）
北京 1	0.053	0.444	1.285	0.080	0.744
北京 2	0.052	0.437	1.257	0.068	0.711
上海	−0.105	0.206	0.865	−0.087	0.445
天津	−0.044	0.302	0.797	−0.168	0.336
广州等	−0.212	0.059	0.655	−0.196	0.292
深圳	−0.351	−0.116	0.314	−0.360	0.024
浙江	−0.317	−0.070	0.128	−0.500	−0.193
江苏	0.226	0.671	1.581	0.234	0.987
河北	−0.197	0.094	0.630	−0.189	0.222

表 2-8　不同电池使用时的总用电量变化　　　　　单位：%

地区	特斯拉 Powerwall	特斯拉 Utility（估计）	Eos Aurora 1000│4000	Imergy（当前值）	Imergy（计划值）
北京 1	2.9	2.8	7.8	11.1	9.9
北京 2	2.9	2.8	7.6	9.1	9.7
上海	2.8	3.4	10.3	8.5	11.6
天津	3.3	3.3	10.6	9.9	13.2
广州等	3.8	4.0	10.6	11.4	11.7
深圳	3.8	3.8	11.3	12.8	12.9
浙江	4.6	4.6	12.3	13.8	13.8
江苏	6.7	6.7	18.3	20.4	20.6
河北	3.3	3.3	10.4	9.8	13.9

但需要注意的是,储能系统在充放电的过程中会有一定的电量损失。由于特斯拉电池的充放电效率较高,与其他类型的电池相比,其使用过程中的电能损失较小。从表 2-8 的数据可以看出,在实际使用过程中,使用特斯拉电池导致的用电量增加要远低于其他品牌的电池。与之对应的外部成本也会低得多。

2.2.3　结果讨论与分析

1. 储能投资的收益讨论

通过对储能投资的收益进行比较,可以发现以下特点。

第一,在目前的投资成本下,已经有部分地区的储能投资能够实现正收益。通过对各地区的结果比对可以发现,峰谷电价的价差越大,储能系统的收益越高。在现有的峰谷电价下,对北京和江苏等峰谷价格差较大的地区进行储能投资已经能够获得正的收益,天津也处于接近盈亏平衡的水平。但是值得注意的是,目前的收益水平仍然较低,而且风险较大。如果峰谷电价差缩小后,很有可能出现投资损失。因此,如果要促进储能的发展,需要给予投资者稳定的预期(如可签订长期的峰谷电价执行合同)。

第二,对于峰谷价差较小的地区(如广州、深圳、浙江、河北等地),还需要采取一定的措施,才能鼓励储能技术的发展。可以采取设备投资直接补贴、贷款利率优惠、提高峰值电价与降低谷值电价等方式。具体的扶持政策可以根据敏感性分析的结果来确定。

第三,通过优化峰谷期的划分,也可以提升储能的收益水平。例如,对浙江与

深圳两地的收益结果进行对比可以发现,虽然浙江的峰谷电价差较小,但是由于其有三个时间段为峰期,储能系统利用率较高,所以净现值收益要好于深圳。目前各地的峰谷期的划分方式较为简单,电价的峰谷期和用电的峰谷期未必能很好地匹配。这在影响储能投资收益的同时,实际上也是不利于电力资源的优化配置的。因此,有必要采用更加灵活的峰谷期划分和定价模式。

第四,通过对不同负荷模式下的收益进行对比,可以发现在一定的定价模式下,各种类型的负荷模式的净收益相差不大。这主要的原因是储能系统只有在峰期才向外供电,而在非峰期蓄电。所以其收益实际上只与峰谷的价差和峰期的时间段划分有关。其中峰谷价差影响的是每单位储能量的收益,而峰期时间段划分则决定了储能系统的利用效率。

第五,通过各地的电价比较也可以发现,要使储能达到盈亏平衡水平,峰谷价差需要达到 1 元/千瓦时以上。影响储能收入的主要有两个因素:一个是储能的每个充放电循环能够带来的经济价值;另一个是储能系统的充放次数。其中,充放次数受到使用模式和电池性能的制约,可以视为固定。因此,影响储能投资收益的关键就在于每次循环过程中充电的成本与放电的收益之间的差值,在电力套利中就是电价差。根据前面的计算,在 6% 的贴现率下,考虑到充放电的电量损失及电池容量的衰减,只有当充放电的价差在 1 元/千瓦时以上时,电池投资才能收回成本。

2. 外部性讨论

根据储能系统的外部性分析结果,使用储能系统后将增加电力消耗,增加量根据地区的不同分布在 2.9%～6.7%,总体来说耗电量的增加量不大。导致耗电量增加的主要原因就在于储能系统在电能存储与转换的过程中会存在部分的损失。

当存在储能时,电网收入将会有较大的下降(降低 14.4%～31.1%)。这主要是由于用户更多地在低电价时储电,而在高电价时由储能系统供电。虽然最终总用电量增加了,但是电网的收入却下降了。从另一个角度来看,电力套利下储能投资如果能够获得净收益,那么投资成本和投资收益的来源其实都是向电网少支付的电费,即电网的损失。

由于私人投资考虑的是收益最大化,储能系统的操作模式主要与价格差和时间段有关,在电价平值的时候也会进行储能。这就导致了高峰负荷比原先更高(增加 54.7%～127.7%)。这从另外一个角度也说明了目前的峰谷期的划分与定价并不合理。按照目前的定价模式,电网将承担巨大的成本。

综上所述,由于私人成本和社会成本不一致,在当前电网的定价模式下,储能的存在反而有可能会增加电网的负荷波动,同时使用电量增加。而这其中的成本主要是由电网来承担的。这也说明了当前的定价模式不具有可持续性,为了适应储能的发展需要作较大的调整。

3. 敏感性分析与补贴政策

敏感性分析部分定量地给出了影响储能投资收益的条件改变之后,收益水平的受影响程度。该部分的结果可以帮助制定有效的扶持储能发展的政策。

延长电池的使用年限能提高储能投资的收益水平。如果按照 15 年的预期年限,则储能投资在大部分地区都能够实现正的收益。对储能技术的研究投入需要关注储能系统寿命的提升。特别值得注意的是,储能系统的寿命除了与电池本身的材料性能有关外,与使用模式及电池的管理系统也有很大的关系。例如,特斯拉目前并不生产电池,其所有的单体电池都是从松下购买的,但特斯拉的技术优势在于其拥有十分先进的电池电荷与温度管理系统,能够在实现电流平稳输出的同时尽可能地延长储能系统的使用寿命。因此,在未来关于储能的产业扶持政策中,除了需要关注电池技术本身外,还需要加大对系统集成应用的扶持力度。

降低投资成本能显著提升收益水平。通过定量地对不同成本下的储能投资收益进行分析,可以预测未来储能投资成本下降后的应用潜力,如按照对未来特斯拉公用工程级储能成本 250 美元/千瓦时来计算,大部分地区都能实现正收益。另外,对电池投资的直接补贴相当于降低储能投资的成本,如日本就采取了对于符合一定条件的储能投资给予投资额 30% 的补贴。相关的结果可以帮助政府在现阶段科学地制定针对储能投资的直补政策。相比日本一刀切的补贴,中国可以根据各地不同的电价模式制定更为有效的补贴标准。

通过贴现率对投资收益影响的分析,可以确定利率对投资收益的影响。在十年平均贷款利率下,大概有三分之一的投资能取得正收益。而在十年平均存款利率的基准下,一半的投资都能取得正收益。如果电价未来能随着通货膨胀进行调整,那么按照十年的平均实际利率来看,大部分的投资都能取得正收益。这也可以帮助科学地制定利率类的补贴政策。具体的政策包括贷款利率优惠、利息补贴,或由政策性银行提供低息贷款。

对于储能的每一次充放电循环来说,其收益取决于充放电的过程能够带来的价值。而电力套利中价值的大小就取决于价格差。通过对峰谷电价变化的影响分析,能直观地了解价格差的变化对储能收益的影响。在实际的应用中,也可以采取类似于分布式光伏补贴的政策,对存储的每一千瓦时电力给予一定补贴。而峰谷价差的分析则能够帮助确定补贴金额的大小。

4. 技术路径的对比与探讨

不同电池的充放电效率、使用寿命和成本不同,对投资也会有很大的影响。在对不同电池的比较中可以发现,目前来看锂电池的投资收益并非最理想。主要的原因有两点:一是锂电池的价格相对较高;二是使用寿命相对较短。例如,EOS的锌电池的成本仅有 160 美元/千瓦时,而使用寿命长达 15 年。这就使其收益要远高于其他电池。而 Imergy 的钒流电池虽然成本较高,但使用寿命可以达到 30 年,这也使其在较高的电价差时收益要好于锂电池。

但是,如果考虑了外部性的影响,锂电池还是较好的选择。由于其他电池的转换效率均在 75% 左右,而锂电池的转换效率却高达 92%,这就使得锂电池在使用过程中损失的电能要远远小于其他技术手段的。

其实这个结论还延伸到对储能技术路径的探讨上。表 2-9 给出了几种已经商业化或即将商业化的储能技术的性能。从表 2-9 中可以看出,抽水储能和压缩空气储能的能量转化效率不高,使用过程会有很高的电力损失。而且这两种储能技术在使用中受到地理条件的限制,无法应用于微电网。飞轮储能虽然具有响应时间短、输出功率高的优势,但是其储电能力有限,无法实现长时间输出。在几种电池储能技术中,锂电池得益于能量转化效率高,使用过程中负的外部性最低。锂是元素周期表中最靠前的金属,其具有活动电子数高、活泼性强、反应彻底等优点。这也就决定了其他类型电池的能量密度、功率密度和转换效率很难高过锂电池。因此,在储能技术的路径选择上,锂电池具有较为明显的优势。

表 2-9　几种主流储能技术的对比

储能技术	响应时间	能量密度 /(瓦时/升)	功率密度 /(瓦/升)	能量转换 效率/%	使用寿命 /年
抽水储能	分钟	0.2~2.0	0.1~0.2	70~80	>50
压缩空气储能	分钟	2~6	0.2~0.6	41~75	>25
飞轮储能	秒	20~80	5000	80~90	15~20
铅酸电池	秒	50~80	90~700	75~90	3~15
锂电池	秒	200~400	1300~10000	85~98	5~15
钠硫电池	秒	10~300	120~160	70~85	10~15
钒流电池	秒	20~70	0.5~2.0	60~75	5~20

资料来源：IEC, *Electrical Energy Storage White Paper*

2.2.4 结论延伸：储能的应用前景与挑战

通过电力套利计算，可以得到储能的运行成本和收益能力。这将可以用于确定储能的盈亏平衡水平，并延伸到对储能与可再生能源结合的分析。根据经济评价的结果，考虑到充放电效率与贴现，可计算得到通过储能系统转移电力的成本在 1 元/千瓦时左右。本小节就基于该成本数据，对储能与可再生能源结合的应用前景进行探讨。

1. 分布式光伏发电应用

要对储能在分布式光伏发电中的应用进行经济评价，需要考虑到两种模式：一是针对已有的光伏发电装机，加装储能投资的收益。二是针对原先没有光伏发电装机的情况，新增"光伏发电＋储能"组合投资的收益。

对于已投入的光伏装机，设备投资为沉没成本，而发电的边际成本几乎为零，其投资决策的依据应该是单位电力的边际收入。目前分布式光伏发电采用的是"自发自用，余电上网"的原则，余电的上网电价采用的是当地脱硫火电的标杆上网电价。那么，用户的余电有两个选择：一是将剩余电力上网；二是将电力先存储起来，等没有阳光且电价高峰时使用（如 18:00～22:00）。光伏发电结合储能系统的投资要想具有经济上的吸引力，需要满足的条件是

$$峰期电价 - 储能成本 > 上网电价$$

而储能投资的净收益为

$$储能收益 = 峰期电价 - 储能成本 - 上网电价$$

表 2-10 给出了根据各地的峰期电价和杆杆上网电价计算的储能投资的收益。从表 2-10 中可以看出，储能投资在北京和江苏两个峰期电价较高的地区已经能够实现正的收益，但盈利能力仍然很弱。而在大部分地区储能投资都处于亏损水平。

而对于新投资的"光伏发电＋储能"系统，在决策的过程需要考虑到光伏发电的成本。其投资决策的依据为

$$投资收益 = 峰期电价 - (光伏发电成本 - 补贴) - 储能成本 > 0$$

国家政策对分布式光伏发电采取单位电量定额补贴的方式，即对光伏系统的全部发电量都进行补贴，补贴额度为 0.42 元/千瓦时。分布式光伏发电成本按 1 元/千瓦时计算，储能成本约为 1 元/千瓦时。表 2-11 给出了在不同地区的峰期电价下新装"光伏发电＋储能"系统的投资收益能力。

表 2-10 已有的分布式光伏系统加装储能投资的收益　　单位：元/千瓦时

地区	峰期电价	储能成本	标杆上网电价	储能收益
北京	1.4402	1	0.3754	0.0648
上海	1.2260	1	0.4359	−0.2099
天津	1.3689	1	0.3815	−0.0126
广州等	1.0766	1	0.4735	−0.3969
深圳	0.9778	1	0.4735	−0.4957
浙江	1.1426	1	0.4453	−0.3027
江苏	1.4585	1	0.4096	0.0489
河北南网	0.9562	1	0.3914	−0.4352

资料来源：标杆上网电价来源于国家发改委,《国家发展改革委关于降低燃煤发电上网电价和工商业用电价格的通知》(发改价格〔2015〕748 号)

表 2-11 新装"光伏发电＋储能"系统投资收益分析　　单位：元/千瓦时

地区	峰期电价	光伏发电成本	政府补贴	储能成本	投资收益
北京	1.4402	1	0.42	1	−0.1398
上海	1.2260	1	0.42	1	−0.3540
天津	1.3689	1	0.42	1	−0.2111
广东(广州等五市)	1.0766	1	0.42	1	−0.5034
深圳	0.9778	1	0.42	1	−0.6022
浙江	1.1426	1	0.42	1	−0.4374
江苏	1.4585	1	0.42	1	−0.1215
河北南网	0.9562	1	0.42	1	−0.6238

通过以上的分析可以得出结论：分布式光伏发电＋储能的投资目前在大部分地区还无法取得收益,即使在能取得正收益的地区,收益水平也很低。而且光伏发电的补贴额度在未来有可能逐年下降,这就使得结合光伏发电的储能投资要做到具有经济效益还是比较困难的。

但是,值得注意的是,许多地区储能的投资离盈亏水平并不远。鉴于储能和光伏发电的技术进步率,只要未来的成本能够进一步下降,储能在分布式电源中的大规模应用并不遥远。

2. 可再生能源发电企业应用分析

对于可再生能源发电企业来说,要靠新增储能获得收益也十分困难。根据 2015 年 1 月 1 日国家发改委调整的价格,风电的上网电价为 0.49～0.61 元/千瓦时,光伏电站的上网电价为 0.9～1.0 元/千瓦时。由于电网的接纳能力有限,在很多地区出现了大面积弃风弃光的现象。于是有方案就设想使用储能系统存储过剩电力,等有电力需求时再卖给电网。如果将弃风弃光损失的这部分电力进行储能,充电成本可视为接近于零。那么储能投资决策的依据为

上网电价 > 储能成本

目前储能系统的使用成本为 1 元/千瓦时,那么很明显,对已有的可再生能源电站加装储能是无法取得收益的。但是对于光伏电站来说,离盈亏平衡水平已经不远了。未来如果储能的成本进一步下降,其可能会率先应用于光伏电站。

3. "储能＋可再生能源"独立微电网的模式

储能最诱人的应用前景,莫过于建立"储能＋可再生能源"的独立微电网,这也代表着能源行业未来发展的方向。在该模式下,各个地区能够完全依靠可再生能源实现电力的自给自足,远距离输电和大型电站都将不再有必要,能源危机和化石燃料污染也将成为过去式。

以往对于可再生能源与传统能源的关注主要集中在发电成本,较少考虑到外部成本。实际上,没有储能技术的话,电网无法消纳大规模的可再生能源。而储能的成本可以看做可再生能源的外部成本,这部分成本最终肯定是要内部化的。只有当"储能成本＋可再生能源成本"≤"传统能源成本＋输配电成本"时,独立微电网的模式才能具备经济上的驱动力。

根据国家能源局 2015 年 9 月发布的《2013—2014 年度全国电力企业价格情况监管通报》,2014 年全国平均的销售电价为 0.647 元/千瓦时。鉴于中国火电企业和电网长期的利润率都不高,这个电价压缩的空间不大。这也就意味着,只要微电网的成本能低于这个值,那么经济上就是可行的。而根据国际可再生能源署(The International Renewable Energy Agency, IRENA)发布的题为《2014 年可再生能源发电成本》报告中的数据,独立风电项目发电成本仅为 0.05 美元/千瓦时,公用事业规模的光伏发电成本为 0.08 美元/千瓦时。假设每天的用电中需要由储能系统转移的电量为 50%,储能成本按 1 元/千瓦时计算,那么平摊到每千瓦时电的储能成本为 1×0.5=0.5 元/千瓦时。这样来看,在最理想的情况下,风电＋储能的成本为 0.82 元/千瓦时,光伏＋储能的成本为 1.01 元/千瓦时。仅从成本上来看,微电网离实现应用似乎已经不远了。

图 2-12 展现了在不同的技术进步情景下,2015～2025 年独立微电网对传统电网替代的可能性。其中盈亏平衡线代表的是独立微电网与传统电网成本相同。

在盈亏平衡线右上方灰色阴影区域内,独立微电网的成本将低于传统电网。图 2-12 中的三条直线对应的是当光伏的年成本下降 5% 时,储能分别以 3%、5% 和 7% 的年进步率进步时的情景。从图 2-12 中可以看出,到 2025 年,"光伏＋储能"独立微电网的供电成本将低于传统的电力供给模式。

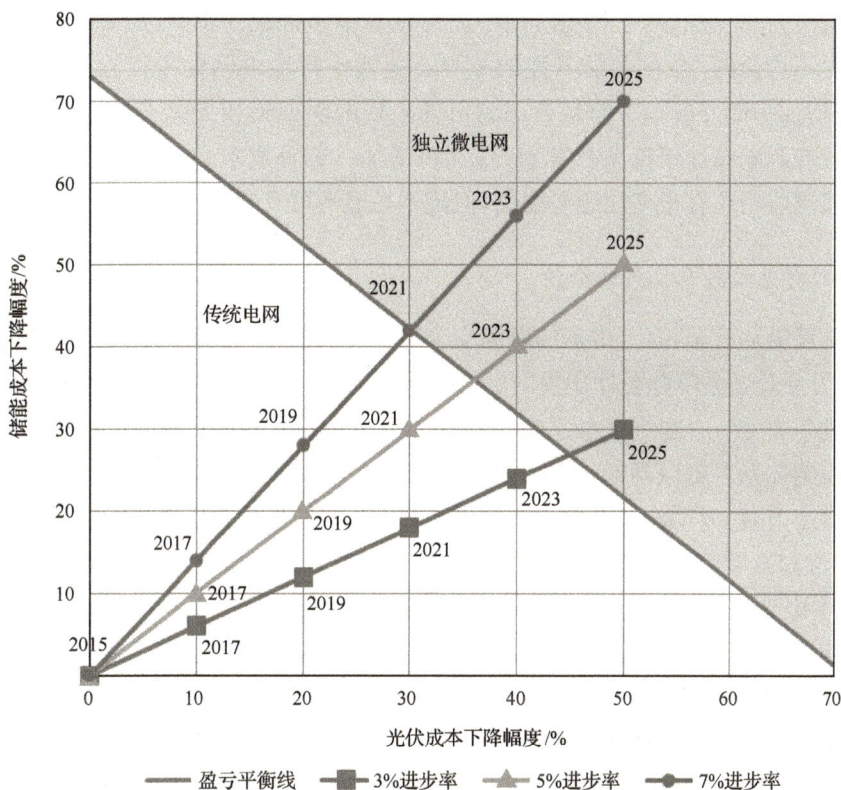

图 2-12 不同的储能技术进步率下微电网对传统电网的替代

盈亏平衡对应的传统电网成本根据当前的平均电价来计算

资料来源:国家能源局《2013—2014 年度全国电力企业价格情况监管通报》统计的

2014 年全国平均的销售电价 0.647 元/千瓦时

从现实情况来看,图 2-12 给出的技术进步前景是完全有可能的。2014 年 6 月,特斯拉与松下合资在美国内华达州投资的超级电池工厂 Gigafactory 破土动工。根据特斯拉官方资料,该工厂在 2017 年投产后,电池组的生产成本将降低 30% 以上。

从储能技术进步率的角度来看,上述估计其实是较为保守的。2010 年到

2014 年,储能每年的平均技术进步率为 20％①。这个趋势如果能够持续,到 2020 年,储能电池的成本就将下降到 100 美元/千瓦时,其所对应的单位电力的存储成本为 0.3 元/千瓦时。在这个成本下,独立微电网与传统电网相比将具有更强的经济竞争力。

当然,独立微电网在现实应用中还面临着很多挑战。例如,风和光在全年的分布是不均衡的,会存在季节性的差异。这就使得微电网的投资存在一定的冗余,将增加一部分成本。而且考虑到可能出现的阴雨天和无风天等因素,还需要有传统能源电站处于冷备机状态,这又将增加一部分成本。综合来看,独立微电网要实现应用还有很多问题要解决,但绝不是遥不可及的。

4. 对电动汽车发展的分析

发展电动汽车,对于中国的能源安全与环境治理有着重要的意义。根据 2015 年 10 月 9 日国务院办公厅印发的《关于加快电动汽车充电基础设施建设的指导意见》,到 2020 年,中国将基本建成能满足超过 500 万辆电动汽车的充电需求的充电基础设施体系。可以预期,在未来的一段时期,电动汽车将以极高的速度得到发展。本小节对"电动汽车在替代传统化石燃料汽车方面是否具有经济性",以及"电动汽车发展后对中国石油需求的影响"等问题进行分析。

1）电动汽车替代化石燃料汽车的盈亏平衡计算

假设车辆在除了动力系统外,其他所有参数(包括风阻、地面摩擦等)都相同的情况下,只有当"电力成本＋电力存储成本＋电驱动系统成本"小于"燃料成本＋化石燃料动力系统成本"时,电动汽车才具有经济上的竞争优势。为了进一步简化,假设动力系统的成本相同,这种情况下的比较就变成了对"电力成本＋电力存储成本"与"燃料成本"的比较。

对于每单位的化石燃料,要将其换算为用电量,可以用下面的公式计算:

$$化石能源汽车发动机效率 \times 单位燃料热值 ＝ 电动汽车效率 \times 电量$$

汽油机效率按 30％计算,柴油机效率按 40％计算,电动汽车综合效率按 85％计算,可以得到表 2-12 的化石燃料与电动汽车换算表。根据能量的使用效率来计算,1 千克汽油相当于 4.223 千瓦时的电力,1 千克柴油相当于 5.575 千瓦时电力。根据表 2-12 中的数据,当电动汽车每单位的电力存储成本低于 1.697 元/千瓦时时,电动汽车在使用上已经能替代汽油车。而当单位电力存储成本低于 0.814

---

① 资料来源:http://cleantechnica.com/2015/09/29/teslas-powerwall-battery-costs-disruption/。

元/千瓦时时,电动汽车在成本上可以开始替代柴油车。

表 2-12　化石燃料汽车与电动汽车换算

油品类型	燃料成本 /(元/千克)	换算系数 /(千瓦时/千克)	电力成本 /(元/千瓦时)	盈亏平衡时的电力存储成本 /(元/千瓦时)
汽油	9.897	4.223	0.647	1.697
柴油	8.145	5.575	0.647	0.814

资料来源:中国经济数据库。由于油价变动较为频繁,表 2-12 中燃料成本按照 2010 年 7 月至 2015 年 7 月的 5 年间平均价格来计算。汽油与柴油的燃烧热根据《综合能耗计算通则》(GB/T 2589—2008)中的数据计算

这给我们带来几点启示:

第一,对电动汽车与化石能源汽车进行经济性分析时,不能仅仅比较汽车的售价,而应该计算综合的使用成本。由于电动汽车的能源成本较低,只要电池的使用成本能够下降,电动汽车将比化石能源车更为经济(即使电动车价格更高,如果将其高出部分的价格折合到日常使用中,综合成本仍更低)。

第二,从盈亏平衡的电力存储成本来看,目前离电动汽车替代传统能源汽车已经不远了。如果按 1 元/千瓦时的电力存储成本来计算,电动汽车相对于汽油车已经有经济上的优势。未来电动汽车可能会按照先汽油车,后柴油车的顺序对传统能源进行替代。当然汽车用的动力锂电池的使用条件更为苛刻,电池性能衰减得也更快。因此简单地将本章前面部分对储能的经济性评价结论应用于电动汽车可能并不合适。但可以预见的是,未来电动汽车将比传统能源汽车更为经济。

第三,制约电动汽车发展的一个重要因素在于其续航能力。按电动车与汽油车的 4.223 千瓦时/千克的比例换算,一辆储电量 70 千瓦时的电动汽车,在充满电时其续航里程只能相当于汽油车使用 23 升汽油的续航里程。因此电动汽车目前主要还是适用于城市内的短距离行驶。在未来,如果要使电动汽车更为广泛地应用,需要加大对充电基础设施的投入。

2)电动汽车对石油需求的替代计算

由于中国目前关于终端用能的统计是由企业上报所消费的能源品种来统计,而不是按最终能源的用途来划分的,所以要知道有多少能源用于汽车是比较困难的,只能采取一定的手段进行估算。鉴于汽油和柴油除了交通工具之外,主要的用途是在农业机械、工业及建筑机械等。因此用总消费量减去"农、林、牧、渔、水利业""工业""建筑业"三个行业的消费量,得到的结果作为汽车用途的汽、柴油消费量的估计值。通过上述方法估计,2012 年的汽油消费 7080 万吨,柴油消费

13365 万吨（表 2-13）。

表 2-13　汽车用途汽柴油消费估算　　　　　　　　单位：万吨

行业	汽油消费量	柴油消费量
消费总量	8141	16966
农、林、牧、渔、水利业	193	1336
工业	581	1748
建筑业	287	518
汽车用途（估计）	7080	13365

资料来源：国家统计局，《中国统计年鉴 2014》

　　考虑到由原油转化为成品油的过程中会存在一定的折损，原油产品的总收率按 83% 计算[①]。那么汽车用的汽油和柴油折合为原油大概为 $(7080+13365)/0.83=$ 24632 万吨。而 2012 年的原油总消费量为 46678 万吨，车辆用途的石油占总石油消费的 53%。表 2-14 给出了电动汽车对化石燃料汽车在不同替代率下，其石油供应与进口的变化的影响。从表 2-14 中的数据可以看出，如果未来所有的汽车都由电动汽车替代，中国的石油依存度将下降到 10.7%。这也说明了发展电动汽车对于中国能源安全的重要性。

表 2-14　电动汽车在不同替代率下对石油需求量的影响

项目	2012 年数据	5% 替代率	10% 替代率	20% 替代率	50% 替代率	完全替代
原油供应量/万吨	47865	46633	45401	42938	35549	23233
生产量/万吨	20748	20748	20748	20748	20748	20748
净进口量/万吨	29205	25885	24654	22190	14801	2485
年初年末库存差额/万吨	−2088	—	—	—	—	—
对外依存度/%	58.5	55.5	54.3	51.7	41.6	10.7
电动汽车数量/万辆	—	600	1200	2400	6000	12000

资料来源：国家统计局，《中国统计年鉴 2014》。因为库存不可能每一年都大幅增加，在计算对外依存度时将净进口量减去了库存差额。此外，为了保持数据年份的一致，汽车数量计算的基数按照公安部交通管理局公布的 2012 年年底汽车保有量 1.2 亿辆。如果根据最新的数据，2014 年年底的保有量为 1.54 亿辆

---

　　① 资料来源：海关总署和国家经济贸易委员会（简称国家经贸委）联合下发的《原油炼制产品加工贸易单耗标准》(HDB/SH006—2002)。其中根据含硫量的不同，原油产品的总收率在 82%～84%，此处取平均值 83%。

5. 储能大规模应用的制约因素

1) 微电网的物理空间限制

对于"光伏＋储能"的独立微电网而言,除了成本问题外,太阳能电池板安装的物理空间的限制也是制约其发展的重要因素。中国的用电负荷的中心(东部地区)的太阳能资源基本都属于三类地区,平均的全年光照能量为 1050～1400 千瓦时/平方米[①]。如果按商业化光伏发电 15%～17% 的效率计算,理想的状态下每平方米每年的发电量约为 200 千瓦时。2014 年全国用电量为 5.52 亿千瓦时,也就是说,如果全国所有的电力都由光伏发电供应,大概需要太阳能电池板的安装面积为 276 亿平方米(2.76 万平方千米)。此外,如果未来电动汽车对化石燃料汽车全面替代,那么按 2014 年水平换算每年需要约 1.04 亿千瓦时的电力。这又需要 50 亿平方米的安装面积。全国房屋建筑面积中的太阳能可利用面积约为 200 亿平方米。这也就意味着即使所有的房屋建筑面积都利用了,也只能满足全国 61% 的电力需求。而且发展微电网同样也存在着资源禀赋差异的问题,东部人口密集地区的人均用电需求较高,但人均房屋面积较小。

随着经济的发展及电动汽车数量的增加,用电需求还会进一步上升。因此,未来的独立微电网的发展需要多层次地利用资源。例如,对一些大型的露天停车场等公共设施及工商业设施都可以加以利用。根据国土资源部数据,截至 2009 年年底,全国土地中居民点及独立工矿用地面积为 28.7 万平方千米[②]。其中只需要利用 10% 的面积,就可以满足全国的电力需求。另外再利用 2%,就可以满足未来电动汽车的用电需求。

2) 锂电池原料问题

通过 2.2.3 小节第 4 部分中对技术路径的探讨,在应用于电网的各项储能技术中,锂电池具有较为明显的优势。另外,在电动汽车领域,锂电池也是现有技术中最为成熟的选择。目前制约锂电池大规模应用的主要原因还是价格。虽然特斯拉的锂电池储能的成本已经降到了 350 美元/千瓦时,但由于锂矿的稀缺性及开采工艺落后,锂电池成本的进一步下降也面临一些挑战。从锂电池的成本构成上看,含锂的正极和电解液两部分的成本要占到电池成本的 55% 以上。锂矿的价格是影响电池价格的重要因素。这一点从锂矿企业的毛利润率也可以看得出来:根据 2014 年锂矿行业主要上市公司的财务报表进行分析,锂矿的冶炼成本在

[①]　资料来源:国家可再生能源中心,《2013 中国可再生能源产业发展报告》。

[②]　资料来源:国土资源部,《关于第二次全国土地调查主要数据成果的公报》。

2000～2500 美元/吨,而市场价则在 4000～7000 美元/吨。

目前全球锂矿的经济储量仅为 1350 万吨,2013 年全球锂矿的产量为 3.4 万吨,其中约有 1.05 万吨用于生产可充电电池[①]。而根据特斯拉官网的数据,2013 年全球锂电池的产量不超过 35 吉瓦时,这也就意味着全球每年生产的锂电池仅够生产 50 万部电动汽车。可以说,现有的锂资源储备要满足电动汽车发展就已经很困难了,更不要说用来支持大规模分布式储能。

其实锂元素本身并不稀缺,其在地壳中的丰度排在第 27 位,略小于铜。但是大多数的锂资源品味很低,传统手段难以利用。最近,有媒体报道澳大利亚的 Cobre Montana 公司采用湿法冶金的方法,能够利用低品味的锂矿石,如从云母中提取低品味的氧化锂。而且其冶炼成本要比原先优质矿的冶炼成本更低。这一新的冶炼方法大大拓展了全球可开发的锂资源的范围。单以云母石为例,其在全球范围内有着广泛的分布,获取成本相当低廉。Cobre Montana 公司的资料显示,仅在捷克的 Cinovec 矿区,就有望获得千万吨级的锂原料。可以说,如果低品味锂矿开采技术有大的进展,其意义可能会远高于页岩油开采的水力压裂技术。

中国有着丰富的锂矿储量,锂资源量排在世界第 2 位(表 2-15)。但中国企业由于开发成本高,且规模较小,在锂矿的定价上几乎没有发言权。全球锂矿价格基本上由 SQM、FMC 等少数几家公司决定。中国要想在未来储能行业的发展中占得先机,必须加大锂矿资源的勘探与开采力度,支持低品味锂矿资源开采技术的研究,同时集中优势资源扶持几家具有竞争力的锂矿领先企业。

表 2-15　全球锂资源储量与利用情况　　　　　　单位:吨

国家	2013 年开采量	2014 年开采量	资源量
美国	870	—	38000
阿根廷	2500	2900	850000
澳大利亚	12700	13000	1500000
巴西	400	400	48000
智利	11200	12900	7500000
中国	4700	5000	3500000
葡萄牙	570	570	60000
津巴布韦	1000	1000	23000
全球合计	34000	36000	13500000

资料来源: USGS,*Mineral Commodity Summaries Lithum* 2015

[①]　资料来源:美国地质调查局(United States Geological Survey, USGS),2013 *Minerals Yearbook Lithum* [Advance Release]。

2.3 电网的定价策略

2.3.1 储能对排放和电网的影响

关于储能的发展与电力套利,其实一直存在着争议。这主要是由于储能系统在充放电的过程中存在着一定的能量损失,最终会导致用电量增加。有学者对得克萨斯州的储能外部性进行分析,其根据不同时间边际排放率及价格套利下的储能规模,计算了由于储能而导致的排放量变化。结果显示由于储能的存在将增加二氧化碳和二氧化硫(SO_2)的排放,而氮氧化物(NO_x)的排放则能得到减少(Carson and Novan,2013)。对全美的储能影响评估也表明,由于储能及电力套利的存在,总体排放是增加的(Hittinger and Azevedo,2015)。但是,目前已装机的储能大多是抽水储能,而抽水储能的能量转换效率只有70%~80%,即存在大量的电能损失。锂电池储能的转换效率要远高于抽水储能,因此其外部影响也有待于重新评估。

根据表 2-5 的结果,目前储能投资会带来诸如总用电量增加、电网负荷波动放大等负面的影响。而更为重要的是,在目前中国的电价模式下,储能投资的成本其实最终都是由电网承担的。而电网则有可能通过要求调整价格等方式来应对储能规模的扩大。这将使储能投资面临不确定性。图 2-13 就是针对奥地利—德

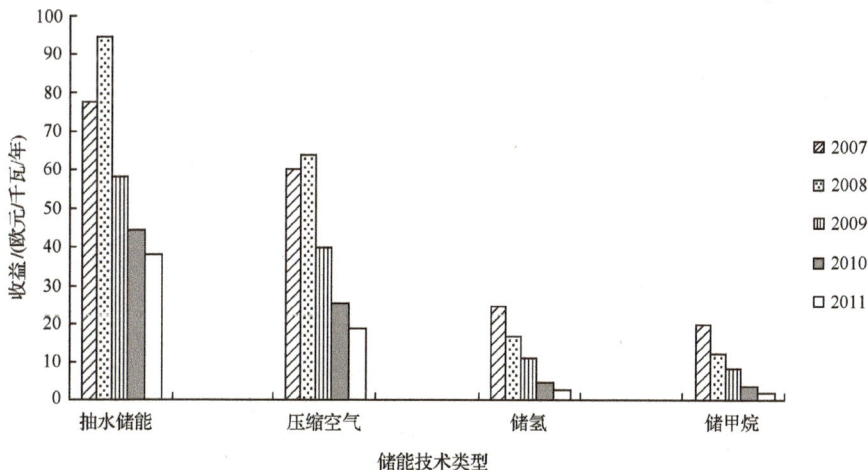

图 2-13 奥地利—德国电力市场储能的年回报

资料来源:(Kloess and Zach,2014)

国市场的日内储能应用的投资收益随时间变化的情况。由于电网为了应对储能而进行价格调整,储能的回报逐年减少。

2.3.2 电网定价模型

那么是否有办法能通过优化定价的方式,引导储能投资充分发挥其调峰的作用,又尽可能减小其负面影响呢?我们在电力套利模型的基础上,又进一步发展电网的定价模型。

1. 双级定价模型

显然,如果储能投资快速发展,当前的定价模式是不可持续的。那么,从电网的角度来看,要如何定价才是最优的呢?由于中国的电力定价是由政策管制的,而任何改变定价模式的决策都会受到利益相关方的影响。为了减小改革电力定价模式的阻力,模型假设:从电网的角度来看,希望的是通过发展分布式储能使得高峰负荷减小,同时电网的收入不变。而从用户的角度来考虑,其会根据电网给定的价格,来确定自己最优的储能投资规模和储电模式。这就构成了一个双级优化的问题(图2-14):电网与投资者分别进行独立决策。电网的目标是使高峰负荷最小化,其通过定价模式影响投资者,而投资者的目标是最大化储能投资收益,其根据电网给出的定价模式改变储能系统的操作,从而改变负荷模式。

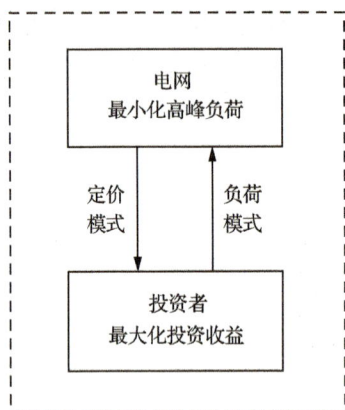

图 2-14　双级优化问题示意

从电网的角度出发,其定价目标是使高峰负荷最小化[式(2-22)],同时使收入不变[式(2-23)]。其中,$Earn_{ori}$为进行储能前的电网收入,其值为原先的电价设定乘以用电量的加和[式(2-24)]。而$Earn_{opt}$为储能之后的电网收入,其值为优化后

的定价模式乘以从电网购电量的加和[式(2-25)]。

$$\min \text{load}_{\max}(\boldsymbol{P}) \tag{2-22}$$

$$\text{s. t.} \quad \text{Earn}_{\text{ori}} = \text{Earn}_{\text{opt}} \tag{2-23}$$

$$\text{Earn}_{\text{ori}} = \sum_{i=1}^{24} p_i^{\text{ori}} \times c_i \tag{2-24}$$

$$\text{Earn}_{\text{opt}} = \sum_{i=1}^{24} p_i^{\text{opt}} \times g_i \tag{2-25}$$

从投资者的角度来看,其目标为储能投资收益最大化。其行为模式按照 2.2 节的电力套利模型进行计算,这里就不再重复介绍。

2. 模型降级

由于双级优化问题较难求解,常规算法难以得到计算结果。所以对双级优化模型作一些修改,使其成为单级优化模型。模型仍然将电网的最高负荷最小化作为目标[式(2-26)],同时将储能量、储能系统净输出和定价作为优化变量[式(2-27)]。约束条件为电网收益不变,而作为用电户层面,不再以储能收益最大化作为目标,而是将储能投资收益设定为大于目标值[式(2-28)]。

$$\min \text{load}_{\max}(\textbf{Input2}) \tag{2-26}$$

$$\textbf{Input2} = \begin{bmatrix} S_{\max} & S_0 & x_1 & \cdots & x_{24} & p_1 & \cdots & p_{24} \end{bmatrix}^{\text{T}}_{1 \times 50} \tag{2-27}$$

$$\text{s. t.} \quad \text{Earn}_{\text{ori}} = \text{Earn}_{\text{opt}}$$

$$\text{NPV} \geqslant \text{NPV}_{\text{goal}} \tag{2-28}$$

3. 输入设定

储能系统的参数设定参照表 2-2。而关于负荷数据,由于针对的是电网级别的使用,所以选用的是区域的日内负荷特性。但是由于目前公开的日内负荷特性的数据较少,所以在本部分的计算中用更大的区域电网的负荷特性数据来反映各地区的数据。其中北京、大津、河北的数据采用的是京津唐电网负荷特性(樊吴和谢国辉,2014)。上海、浙江、江苏的负荷曲线采用的是华东电网的负荷特性(舒静等,2005)。广州和深圳的负荷曲线引用的是广东电网的负荷特性数据(蔡秋娜等,2014)。虽然这种简化的假设可能会带来一定的偏差,但对我们得出最后结论的影响是不大的。这主要是由于模型中的优化目标是使高峰负荷尽可能小,此时影响一个地区的储能规模的最主要因素是负荷在一天内分布不均衡的程度。对于同一个区域电网内的不同子地区,地理条件和产业结构是比较接近的,所以负荷的不均衡程度一般也相差不大。

2.3.3 最优定价下均衡状态

表 2-16 给出了根据优化定价模型,达到稳态时各地区所对应的影响。其中支出增加是指采用了储能系统后,社会所需要支付的成本与原先的总电力支出的比例。电力消耗增加是指由于储能系统在充放电的过程中会有一定的电能损耗,由此带来的总用电量增加的比例。高峰负荷变化是指采用优化的操作模型后,实现了峰谷负荷的转移,使得日内高峰负荷下降的比例。负荷的相对标准差则是指日内 24 小时负荷的相对标准差。储能量与日耗电量之比则是指储电量占日耗电量的比例,该指标也可用来衡量储能的规模。图 2-15 则以江苏省为例,给出了经过优化定价后的 24 小时动态模拟曲线。从图 2-15 中也可以看出,优化后的负荷曲线变得十分平稳。

表 2-16　优化电网定价模型后各地稳态下的相关变化

地区	支出增加/%	电力消耗增加/%	高峰负荷变化/%	优化前负荷相对标准差	优化后负荷相对标准差	储能量与日耗电量之比/%
北京	7.0	0.9	−10.6	0.132	0.061	5.7
上海	6.6	0.7	−14.3	0.117	0.000	4.6
天津	6.3	0.9	−12.1	0.132	0.000	5.5
广州等	9.9	1.0	−16.3	0.158	0.000	6.2
深圳	10.5	1.0	−16.3	0.158	0.000	6.4
浙江	6.1	0.7	−14.3	0.117	0.000	4.7
江苏	6.1	0.7	−14.2	0.117	0.003	5.5
河北	11.2	1.0	−10.4	0.132	0.054	6.1

2.3.4 结果讨论

1. 电网负荷的变化

通过优化峰谷定价模式,结合储能技术投资,能够有效降低高峰负荷,实现调峰的目的。从表 2-16 中可以看出,在最终的稳态下,各地电网的最大负荷都有了显著的下降,最高的地区,如广州和深圳,其电网的负荷均下降了 16.3%。与此同时,日内的负荷也更加均衡。负荷的相对标准差在优化后有了很大的下降。

负荷均衡化在实践中能够带来多方面的好处:

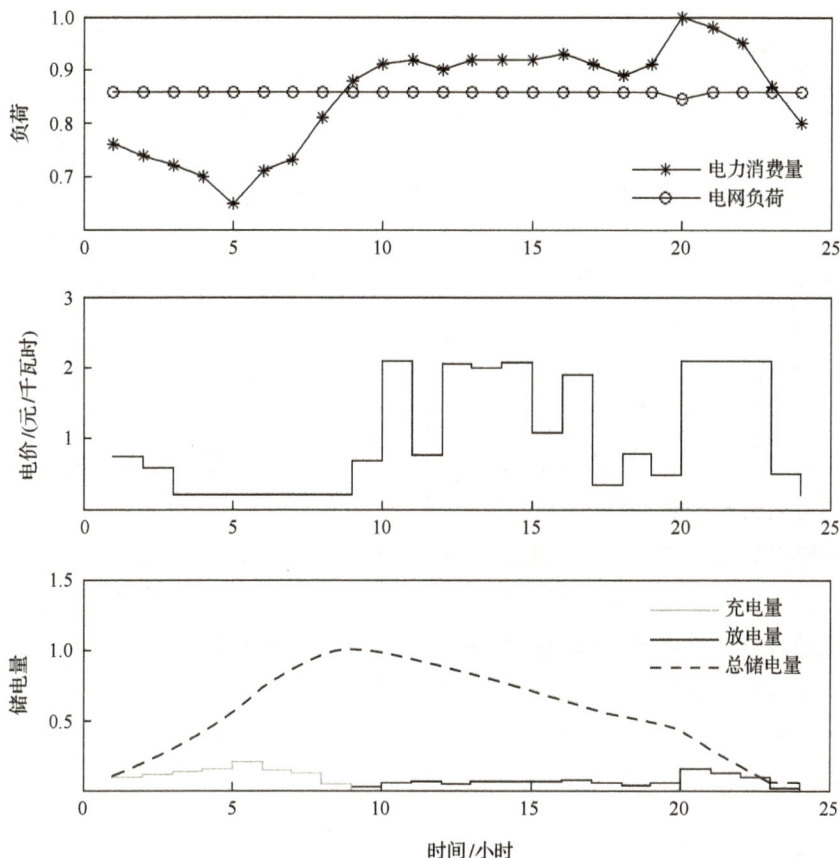

图 2-15 优化电网定价下 24 小时模拟动态曲线（江苏省）

第一，由于电网的最大负载是要满足高峰负荷的，而每年的最高峰负荷可能只有几个小时。所以如果负荷更加均衡，那么针对电网的投资则可以减少。

第二，电力传输过程中的线损是和电流的平方成正比的，更均衡的负荷将能有效地减少高峰时的电流，进而减少传输的线路损失。

第三，更加均衡的负荷可以使电厂以稳定的最高效的状态运行，这将减少电厂的成本。以往为了适应电力需求的变化，电源端的负荷也在不断调整。而电力调节的任务常常由火电来承担。这一方面使得电厂在大部分时间都未运行在最优工况下，降低了发电效率，而且在工况调整的过程中，本身会有一定的损失。另一方面，当电力负荷变化很大时，电源端可能来不及调整，从而存在发生断电事故的风险。

2. 成本与外部性

优化后,由于储能造成的用电量增加占总用电量的比例很低。通过表 2-16 的数据可以看出,由储能带来的耗电量增加率在 $0.7\%\sim1.0\%$,所占的比例很小。由于进行储能而导致的用电量增加一直以来都是储能技术应用受到争议的主要原因之一。但如果储能系统能够以合理的规模和方式得到应用,电厂将维持在最优工况下运行,而且不需要频繁调节负荷,这将减少碳排放。因而,由于储能应用而导致的碳排放变化还需要进一步综合的研究才能确定。

从用电成本的角度来看,全社会的总用电支出增加在 $6.1\%\sim11.2\%$,增加的成本并不高。从分省的成本数据来看,原先储能收益不佳的浙江省,在优化定价下也只需要增加 6.1% 的用电成本支出就可以有效地实现调峰。这也说明了制定合理的价格机制的重要性。

由储能导致的成本增加主要由两部分构成:一是储能投资的成本;二是增加电耗的成本。由于用电量的增量并不多,因此主要的成本还是储能投资的成本。而未来随着电池价格的下降,储能的社会成本也将会进一步降低。

需要特别注意的是,虽然模型中假定的是电网的收入不变,即这部分成本由消费者来承担。但在实际的操作中,可以按照该方法将成本的增加部分转移给电网,或是由政府补贴来支付。

3. 储能投资规模

从稳态时的储能投资规模上看,储电量占每日的电力消耗量的比例在 $4.6\%\sim6.4\%$。该项数据也说明了储能投资未来的增长空间巨大。仅以江苏一省为例,2013 年的全省用电量为 4956.6 亿千瓦时。如果按储能容量达到稳态规模的 50%,其需要的储能容量为 37.3 吉瓦时,按特斯拉 Powerwall 350 美元/千瓦时的成本计算,总投资额为 1095 亿元。这也给我们带来启示:在大力倡导调整经济结构与产业转型升级的今天,储能行业有望成为重要的经济增加点。中国如果忽视了储能行业,未来可能就会在这样一个巨大的新兴产业中错失先机。

2.3.5 扩展分析:储能的其他潜在影响

1. 储能对社会总福利的影响

虽然储能的过程会带来一定的电量损失,但从社会总体福利的角度来看,储能的存在是能增加社会总福利的(Kanakasabapathy,2013)。如图 2-16 所示,在没

有储能时,全社会的电力供给曲线是 S,供给曲线反映了电源和电网的成本信息。而用电低谷时的需求曲线为 $D_谷$,用电高峰时的需求曲线为 $D_峰$。需求曲线反映了电力带给消费者的效用。在用电低谷时,电力市场的平衡点在 A 点;而用电高峰时,电力市场的平衡点在 B 点。

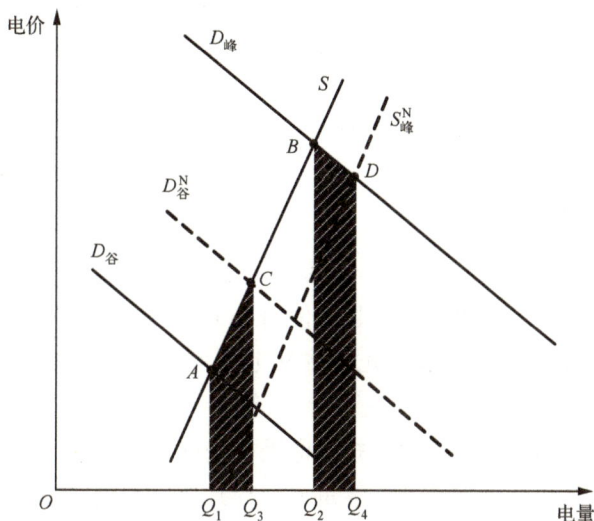

图 2-16 储能对于社会福利的影响

B 点对应的电价要高于 A 点。这主要是由于在用电谷期和峰期,消费者对电力的保留价格是不同的,即一单位电能带给消费者的效用是不同的。这从峰值电价和谷值电价的价差也可以看得出来。

在有储能的情况下,用电低谷时,由于储能系统在充电,总的电力需求曲线移动到了 $D_谷^N$,而电力供给不变。需求量从 Q_1 上升到 Q_3,市场均衡点也移动到了点 C。此时,存储的这部分电力的成本为阴影部分 ACQ_3Q_1 的面积。

而在用电高峰期时,储能系统向外供电,市场的供给曲线移动到了 $S_峰^N$,而需求曲线不变。此时的需求量从 Q_2 上升到 Q_4,市场均衡点从 B 点移动到 D 点。此时,储能带来的收益为阴影部分 BDQ_4Q_2 的面积。

在不考虑储能的成本时,由电能转移带来的社会福利的增加量为

$$\Delta W = \text{Area}_{BDQ_4Q_2} - \text{Area}_{ACQ_3Q_1}$$
$$= 0.5(P_B + P_D)(Q_4 - Q_2) - 0.5(P_A + P_C)(Q_3 - Q_1) \quad (2\text{-}29)$$

由于能量存储会有一定的损失,所以有

$$\frac{Q_4 - Q_2}{\eta} = Q_3 - Q_1 \quad (2\text{-}30)$$

当储能的量较小,对价格影响不明显时,式(2-30)可以简化为

$$\Delta W = P_B(Q_3 - Q_1)\eta - P_A(Q_3 - Q_1)$$
$$= (P_B\eta - P_A)(Q_3 - Q_1)$$

(2-31)

从表 2-1 也可以知道,根据 2015 年的价格,峰值电价 P_B 一般是谷值电价 P_A 的 2～4 倍,而考虑了逆变器效率后的储能系统效率 η 约为 87%。所以可以很直观地看出,$(P_B\eta - P_A)$ 是远远大于零的,即社会福利是增加的。只要最终储能带来的社会福利增量 ΔW 大于储能成本,增加储能投资对于社会来讲就是合意的。

2. 储能对电力市场化的作用

由于输配电市场存在规模经济,其属性是自然垄断的。所以在输配电环节引入市场化竞争一直是一个难题。而且即使引入了竞争,最终的社会成本很有可能是增加的。所以目前全球普遍是允许输配电环节垄断的存在,同时对其进行管制。但由于政府与电网企业的信息不对称,管制往往存在滞后或不完善。例如,中国的输配电价格是由国家发改委根据电网的输配电成本来核定的,在实际操作的过程中就很容易由于电网企业不注重成本导致成本偏高,或在电网投资时存在利益输送。

利用储能进行电力套利则可以帮助价格发现,这也使得其具有帮助部分解除电力市场管制的潜力。例如,电网作为垄断企业,在制定价格时考虑的是利润最大化,只要价格上升带来的边际收益大于边际成本,其就有动力提高价格。储能的存在则可以使高峰期的提价受到限制。但是,由于电网与储能之间存在相互作用的关系,储能本身会影响到电网定价。如何设计有效的机制来发挥储能对电力市场化的作用还有待进一步的研究。

2.4 结论与政策建议

2.4.1 研究结论

本章针对中国的峰谷电价政策,建立了最优化的套利模型。根据套利模型,对各地的储能投资收益及外部影响进行了分析,并定量地分析了各种影响因素改变后对储能投资收益水平的影响。

　　通过对不同地区储能投资的经济性评价,可以发现在部分地区,储能投资已经能实现正的收益。这也意味着在这些地区可以在不需要补贴的情况下依靠市场的力量推动储能的发展。而收益的水平除了受到电价差的影响外,也与峰谷时间段的划分有关。但值得注意的是,目前能够实现收益的地区并不多。而且即使能实现正的收益,回报水平也很低,同时还面临着电价政策发生改变的风险。

　　通过对外部性分析可以得知,按照现有的定价方式,储能技术的应用将增加电力的消耗,并使电网承担较大的成本。因此目前电网的定价方式不可持续,随着未来储能规模的扩大必然发生改变。

　　通过敏感性分析,可以定量地确定当电池系统的使用寿命、电池成本、贴现率及峰谷电价改变后,对储能投资收益的影响。这一方面可以帮助预测储能技术进步后的收益水平,另一方面也可以为科学地制定补贴政策提供参考。

　　通过对不同性能电池的对比分析,也可以发现:在几种商业化的电池储能技术中,锂电池由于价格较高,其投资收益相对较低。但是得益于较高的能量转换效率,锂电池使用时的外部成本较低。这将有助于为电网级的电池储能的技术路径选择提供参考。

　　根据经济性评价的结果,我们又进一步探讨了储能应用的前景与挑战。通过对储能与可再生能源结合的潜力的分析可以发现,在目前的成本下,储能在分布式光伏发电及可再生能源电站中的应用还无法取得收益,但是离盈亏平衡水平已经不远了。未来只要可再生能源和储能成本能进一步下降,储能将实现大规模的应用。而对于储能＋可再生能源组成的独立微电网,其要取代传统的供电模式还有较长的路要走,但绝非遥不可及。此外,我们还比较了电动汽车与传统化石燃料汽车的综合成本,发现在未来电动汽车将很快具备综合成本优势。如果电动汽车能够对化石燃料汽车进行大规模替代,将大大降低中国石油的对外依存度。对于储能应用可能面临的制约因素,如微电网的物理空间限制,以及储能电池原料的稀缺性,我们也进行了探讨。

　　在套利模型的基础上,我们又从电网的角度出发,建立了最优定价模型。通过该模型,可以给出电网的最优定价策略,以使储能系统充分发挥调峰的作用。根据模型的计算结果,我们可以知道,储能大规模发展的社会成本不算太高。当储能投资达到最优的规模后,电网的负荷将更加均衡,电厂也将能以更加稳定高效的模式运行。而根据电力消耗水平和均衡状态下储能的比重可以估算储能的理想投资规模,结果表明储能投资有着巨大的发展空间。

　　通过对储能与电力市场作用的进一步分析,可以知道储能能够增加社会的整体福利水平。同时由于储能对电力的价格发现功能,其在电力市场化方面的应用潜力也有待于进一步研究。

2.4.2 储能发展的政策建议

鉴于储能对能源行业发展的重要性,政府应把对其的重视程度提高到与可再生能源等同的地位,加大对储能行业的扶持力度。基于本章的研究结论,结合国际上储能发展的经验及中国的实际情况,对促进中国储能发展的建议有以下几点:

(1) 优化电力市场机制。各地可以采用更加灵活的电价定价机制,用市场化的手段促进储能发展。具体的操作方式包括扩大峰谷电价实施的范围和优化电价的定价方式,设定储能电价,允许储能作为电源接入电网,等等。此外,对于一些储能投资已经具有经济上的吸引力的地区,需要给予投资者稳定的预期(如可签订长期的峰谷电价执行合同)。

(2) 制定合理的补贴政策。需要根据各地的实际情况,对储能进行全面的技术经济分析,并根据分析结果制定合理的补贴政策。补贴的方式可以是对储能投资给予直接补贴或税收抵免,也可以由政策性银行提供优惠利率的贷款。此外,对于储能的调频等作用也应该给予合适的补偿。

(3) 加强储能与可再生能源的结合。随着可再生能源发电成本的不断下降,可以在维持其上网电价的基础上,逐步提高接入的标准,从而促进储能的发展。例如,可以要求新上马的可再生能源项目必须配置一定的储能容量以满足供应的平稳性。

(4) 引入市场化的机制,促进独立微电网的发展。例如,对于一些电网接入成本高的地区,可以经过评估后,由电网企业或是政府提供一定的补助,采取招标的方式将供电外包给微电网服务的提供商。这一方面能够拓宽储能的应用,另一方面也可以培育微电网企业的发展。

(5) 加强技术研发和产业发展扶持力度。对储能的发展要有清晰的政策规划,在技术的研发与应用上应加强政府补助,特别要重视系统集成等薄弱环节的发展。此外,对于储能产业链中具有规模经济效应的链条,要集中资源做大做强几家优势公司。

2.4.3 未来需研究的问题

本章的研究结果引申出一些有价值的问题需要进一步研究:

第一,虽然电能存储和转换的过程中会带来一定的损耗,但其占总耗电量的比例并不大。考虑到电源端及电网运行效率提升的作用,储能大规模发展后对碳排放的影响还需要进一步分析才能确定。

第二,储能具有减少电网投资和电源投资的外部性,这些外部性如何定量地评价,以及如何与储能的成本进行对比将是很有意义的问题。

第三,储能大规模发展后能够大幅提高可再生能源渗透率,其影响仍有待于进一步评估。此外,储能+可再生能源对传统用电模式的替代也有待研究。

第四,如何借助储能对电力市场价格发现的作用,设计出合适的机制来实现电力市场化,还有待进一步探究。

第五,未来储能和可再生能源将对电网及传统的能源供给企业带来巨的大冲击,这些企业要如何转型升级以应对储能的发展也是未来可能面对的现实问题。

2.4.4　结语

总体来说,储能投资还不具备经济上的吸引力,但其已离实现盈亏平衡水平不远。在未来,随着技术的进步和成本的降低,储能将可能按照"电力调峰调频—分布式电源与可再生能源电站—独立微电网"的顺序逐步实现应用。在这个过程中,世界的能源市场将可能发生巨大的变化。这种变化能够使我们的电网和发电厂更加高效地运行,可再生能源的比重也将得以提高。由于这种改变才刚刚开始,我们还没有直接感受到其所带来的影响,因此也很容易将其忽视。但是在可以预见的将来,这种变化将有可能深刻地影响世界的能源结构甚至我们的生活方式。

第 3 章　智能微电网

3.1 智能微电网的提出与定义

3.1.1 微电网提出的背景

在过去的几十年中,公共电网发电一直因其高效的特点成为主要的供电方式。但是,随着人们对电力需求的方向从量的需求转向电量供给的稳定,单一的公共大电网的弊端也逐渐显露出来。尤其是 2003 年爆发的美国停电,以及 2008年中国南方雪灾引起的大范围停电,让全世界学者都认识到,在大电网供给的同时,必须要有微电网作为补充,以应对战争、自然灾害等突发情况,从而保证电力平稳而持续地供应。并且,对于一些敏感性负荷,如医院、军队、大型工厂等,一旦发生停断电,后果将不堪设想。因而,微电网作为单一大电网的有力补充可以弥补大电网在供电稳定性方面的不足。

此外,面对环境和能源的现状与压力,发展清洁能源发电是势在必行的趋势,也是解决目前环境压力的必然选择。新能源发电诸如风电、光伏等大多适合采用分布式发电的方式,分布式发电可以对大电网进行有力的补充和支撑,是未来电力发展的重要方向。但是,从另外一个角度来说,分布式发电同时也存在一定的问题。首先,分布式发电波动性较大,当分布式发电以较大比例介入大电网时,其波动性会对电网造成很大的冲击。其次,接入的成本也过高,不利于分布式发电目前的投资和发展。

随着科学技术的发展微电网产生了。概括来说,微电网是电源及储能技术等相结合组成的一个系统,是能够独立存在的提供电能的可控单元。而智能微电网是微电网的进一步发展,是微电网的智能化。微电网是解决分布式发电并网问题的最好办法,智能微电网可以以分散的形式提供电能热能,而不需要大电网长距离输出,有效地减少了能源损失,提高了效率。并且减小了分布式发电波动性对大电网的冲击,即使遇到意外情况,微电网系统也可以通过黑启动在最短的时间内完成重新启动,恢复电力供应(李富生等,2013)。

因而,从电网稳定性和环境能源压力这两方面来说,智能微电网都是未来电力系统发展与改革的方向和必然趋势。

3.1.2　微电网的定义

目前世界各国和地区对微电网的定义都有所不同,我们可以试着归纳总结一下。

1. 美国的定义

美国对微电网的研究较早,定义也最为完善,在美国研究微电网的单位和机构主要有美国能源部、美国电力可靠性技术解决方案协会(Consortium for Electric Reliability Technology Solutions,CERTS)、威斯康星大学等(Stevens,2004)。

三者对微电网的定义相差不大,基本上可以概括为微电网是由分布式电源和电力负荷以及储能设备构成的一个系统,能为用户提供电能和热能,既可以独立运行又可以并网运行,提高了供电的稳定性(Nikkhajoei,2009)。

2. 日本的定义

日本早在 1980 年就成立了新能源产业技术综合开发机构(New Energy and Industrial Technology Development Organization,NEDO),专门负责新能源技术的开发工作,并试图缓解其紧张的能源问题。日本也是最早研究微电网的国家之一,目前来看,日本在微电网的理论研究和项目实践方面都处于世界领先地位。日本新能源产业技术综合开发机构对微电网的定义较为简洁,可以概括为利用分布式电源提供电能的小型系统。

3. 欧盟的定义

欧盟科技框架计划(Framework Programme,FP)是世界上规模最大的官方科技研发投入计划,无论从投资金额、领域广泛程度及人员投入方面来说,都是世界最高规格。FP 最早始于 1984 年,每五年为一期,欧盟第七框架计划(FP7)已经于 2013 年结束,FP7 总预算已经达到了 505.21 亿欧元。微电网也是 FP 内较为重要的项目之一,FP 对微电网的定义突出了微型电源、可进行能量调节、冷热电三联供,即 CCHP(combined cooling,heating and power),以及并网独立均可运行这几个重点。由于微电网在满足供电需求的同时具有高稳定性和可控性,因而获得了"模范市民"(model citizen)的别称。

我们可以将各个国家和地区对微电网的定义做一个横向比较,可以发现,不同国家由于自身能源禀赋、电力需求侧重点不同,对微电网的定义角度也有所不同。美国和欧盟更主要地倾向于利用微电网来弥补公共电网的不稳定性,防止意外时期停断电现象的发生,尤其是 2003 年美国大停电发生后,欧美国家更侧重于将微电网作为未来大电网可控性和稳定性的补充与支撑。而对于日本来说,能源相对紧张,急需加强供电能源的多元性,从而要加速发展分布式发电。微电网作为分布式发电的关键环节,是日本主要研发的侧重点,因而新能源产业技术综合开发机构在定义微电网时,简洁而重点地强调了分布式电源问题。

但是综合各个国家和地区的定义来看,我们可以对微电网的定义作一总结:微电网是由多种类型的电源(可以是传统电源也可以是新能源)、储能装置及用电负荷构成的一个既可以独立运行又可以并网运行的电力系统。从特征来说,微电网既可以供电又可以供热,由于独立性和兼容性的存在,微电网在满足用电负荷用电需求的前提下,更具有灵活、可控和稳定的特点。

3.1.3 智能微电网的定义

智能微电网概念提出的时间不长,可以说,智能微电网是微电网概念的进一步延续,其在微电网的基础上加入了智能化的概念。概括来说,智能微电网利用现代自动化控制技术将分布式发电电源和用电设备联系在一起,从而实现微电网的运行,使得整个微电网系统更加节能高效。

传统的公共大电网供电将整体的发电及输配电连在一起,这就必须要实现利用高电压进行远距离长途输配电,在这一过程中会产生较多的能源损失。而利用微电网可以充分利用地区的分布式电源,就近解决输配问题。可以说,智能电网本身就是一个完整的发电、输电及配电过程,既是一个用电负荷也是一个发电单位。当智能微电网内部的电力供给不足时,智能微电网系统相当于大电网上的一个用电负荷,大电网会将电力输送到微电网系统内部,而当智能微电网单元有富余电量时,智能微电网系统则转化成一个发电负荷,富余电量完全可以回补到大电网中。

分布式发电对于大电网来说,最大的弊端在于发电间歇性对大电网冲击所带来的巨大波动性,而当智能微电网存在时,智能微电网内部的储能装置可以有效地调节分布式发电的间歇性,尽可能地使智能微电网系统作为一个负荷保持稳定性,而这种稳定性正是解决分布式发电与大电网矛盾的关键所在。

3.2　国外智能微电网发展情况

3.2.1　世界微电网市场

微电网作为未来电力市场发展的重点项目和主要方向，最近几年市场发展迅速。截止到 2015 年 7 月，所有运行、在建包括规划的微电网项目已经超过了 400 个。

据推算，2013 年微电网的电力产量约为 2.4 吉瓦。就工程分布来看，全球微电网以校园和公共机构为主，2013 年占比 49％。社区和工商业区次之，占比分别为 22％和 20％。军队和孤岛占比总计 9％（图 3-1）。据 SBI Energy 预测，到 2020 年这一格局将发生较明显变化，工商业区微电网工程占比将显著增长 11％（图 3-2）。这种变化是符合技术扩散路线的，首先在学校和公共机构做实验研究和推广示范，待技术达到一定成熟度后，将其应用到需求最强烈的场所，工商业区对电力供应质量的高要求以及较高的建设成本承受力决定了微电网在该类型负荷中大范围推广的高可能性。而对于居民社区来说，这在很大程度上取决于政府的支持力度和建设成本降低的幅度[1]。

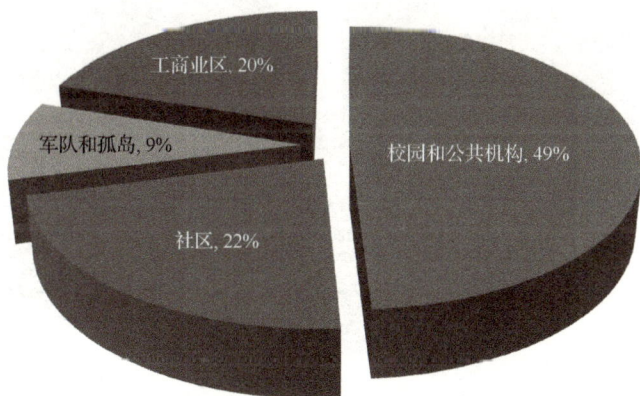

图 3-1　2013 年世界微电网工程分布比例

资料来源：SBI Energy

[1]　资料来源：东方证券研究所，微电网，智能电网投资下一站，2012-07-23。

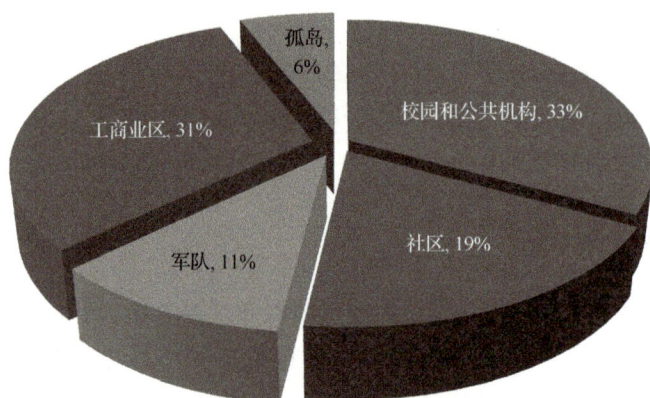

图 3-2　2020 年世界微电网工程分布比例预测

资料来源：SBI Energy

　　从地区分布来看,前瞻产业研究院发布的《2015—2020 年中国微电网技术进展及前景预测分析报告》显示:微电网的市场主要集中在北美、欧洲和亚太地区。北美是微电网最大的市场,亚太地区是增长最快的市场,其中中国、印度领导亚太地区。2013 年,北美市场仍然在全球微电网部门处于领先地位,正在规划与部署的项目规模达 2505 兆瓦,比 2012 年公布的多 417 兆瓦(图 3-3)。

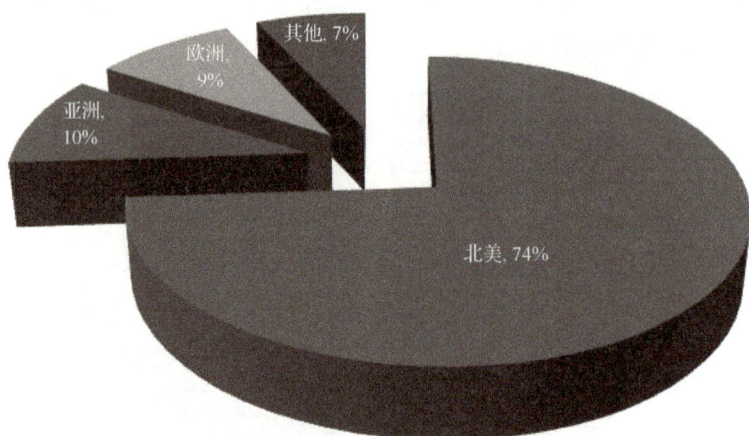

图 3-3　2013 年世界微电网市场分布图

资料来源：SBI Energy

根据 SBI Energy 的预测,未来微电网市场份额会发生一定变化,亚洲和欧洲将会逐渐增加微电网市场份额,到 2020 年,亚洲微电网市场比重将达到 17％左右,而欧洲也将上升到 11％;另外,北美的市场占有率将有一定程度的下滑,到 2020 年,将从 74％回落到 62％(图 3-4)。

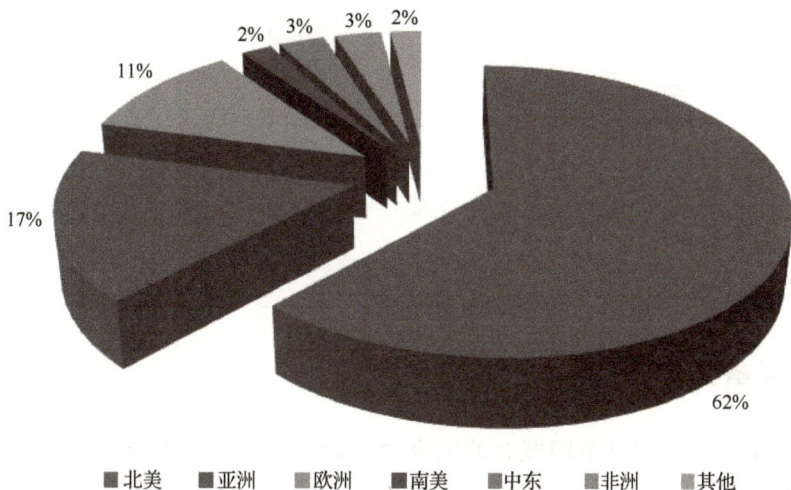

图 3-4　2020 年世界微电网市场分布预测图

资料来源:SBI Energy

一方面,中国正在大力推动智能电网的建设,而微电网是智能电网建设工程中非常重要的一环。另一方面,分布式发电的增长使中国需要微电网的发展,因此用长远的眼光来看,未来的五到十年,微电网很有可能迎来发展的高峰期。

从世界微电网市场来看,虽然目前微电网还处于重点项目的实验阶段,仍然不具备大规模商业推广的条件,但是在过去的几年中,微电网的发展仍然非常迅速。2010 年,全球微电网市场规模和发电量分别为 41.4 亿美元和 1.57 吉瓦,较 2006 年分别增长 70.37％和 70.65％,年复合增长 14.25％和 14.30％。根据 SBI Energy 报告的结果,"十二五"期间,这两项复合增长率将分别升至 15.14％和 15.31％,市场规模和发电量将分别增长 102.40％和 103.82％,达到 83.79 亿美元和 3.2 吉瓦,进入较快增长阶段。到 2020 年,其市场规模和发电量将分别达到 149.2 亿美元和 5.67 吉瓦,具有良好的发展前景(图 3-5)。

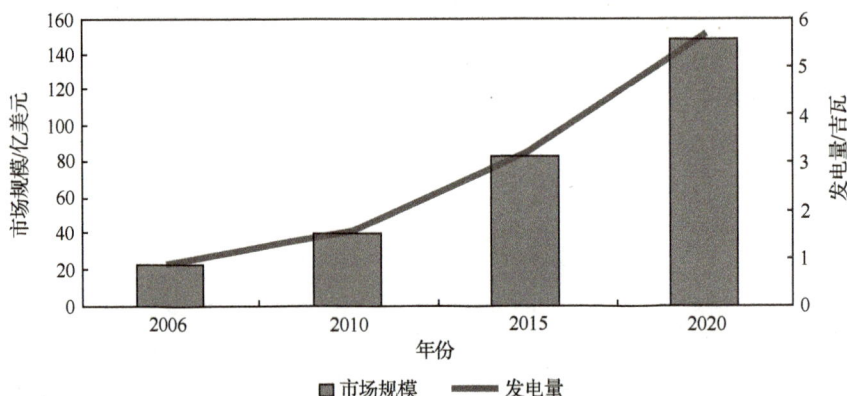

图 3-5　世界微电网市场规模及发电量趋势图

资料来源：http://www.qianzhan.com/analyst/detail/220/141031-94b4c1c5.html

3.2.2　美国

美国是最早提出微电网概念的国家之一，如前文所述，美国对微电网进行重点研究的单位和机构主要有美国能源部、美国电力可靠性技术解决方案协会和威斯康星大学及一些企业等。并且目前美国的规划、在建以及正在应用的微电网项目大多得到了美国能源部、加利福尼亚州能源委员会(California Energy Commission)等政府部门的支持。由于 2003 年美国停电事件，美国对于微电网的研发和利用主要是基于发电供给稳定的考虑，并且同时希望提高输配电效率，实现电网的智能化(Lasseter et al.，2011)。

由于起步较早，科技能力也较为突出，美国的微电网实验工程项目在世界范围内也处于领先地位，2015 年世界规划、在建及运行中的 400 多个项目中，美国占到了一半左右。根据研究咨询公司 GlobalData 的报告，2012 年美国微电网行业收入为 36 亿美元，2020 年有望达到 57 亿美元。综合美国的微电网示范工程项目的特点来看，美国示范工程在其国内各个地区都有建设，开展的范围很广，项目应用主体十分多元化，并且微电网项目主要结合了分布式发电，进而降低了能源消耗，为公共电网提供可控性与稳定性。

微电网目前的经济性还没有达到大规模商业推广的程度，因而大多数示范工程都是由政府部门推动的，美国能源部是美国智能微电网发展最主要的推动力量，美国能源部从 2009 年到 2014 年陆续对可再生能源的分布式发电系统投资约 5500 万美元，并建设了九个微电网示范工程项目。从美国能源部投入的微电网项目来看，分布式发电的储能系统在电力充裕时，可以将多余电能储存起来，在需求量较大时释放,因而起到了削峰填谷的作用。

美国微电网产业覆盖面广,除了通常的居民、大学等各个领域,美国能源部还联合国防部和国土安全部,将微电网用于国防基地。另外,2003 年美国发生的严重停电事故让美国政府认识到了保证电力供给稳定的重要性。而近些年来,美国气候变化较大,经常发生自然灾害,自然对电网的冲击加大了停断电的概率。因而,美国政府在 2013 年和 2014 年分别投入了 1500 万和 800 万美元,用于对微电网工程项目的支持,进而希望微电网的发展能够增加电网的灵活性和稳定性,即使发生极端天气或突发状况,仍可以保证电力稳定的供应①。

此外,美国电力运营商圣迭戈天然气与电力公司 2015 年 2 月 17 日宣布,其获得了加利福尼亚州能源委员会对加利福尼亚州 Borrego Springs 地区的微电网扩张的约 500 万美元补贴。这些补贴将用于导入 26 兆瓦光伏电站,预计在 2016 年中期完成,届时其将成为美国最大规模的微电网。Borrego Springs 的微电网不仅与上级电网连接,还融合了当地的发电站和能源储藏系统。发生紧急情况时可独立运转,保证当地的供电。微电网配备有大容量能源储藏系统,用来存储百万瓦级光伏电站白天发电的电力中微电网使用的剩余部分,在夜间放电。如果这样仍然电力不足时,则利用微电网内原有发电机的电力。该微电网的范围覆盖约 1000 家客户,之后预定扩大到 2800 家。美国典型的智能微电网项目如表 3-1 所示。

表 3-1　美国典型的智能微电网项目

项目	启动时间	项目计划	项目目的
可再生能源与分布式系统集成项目	2009 年	5 年投资 5500 万美元	降低现有电力系统的峰值负荷
"蜘蛛"示范工程	2011 年	总投入 3850 万美元,在 3 个美国基地建设 3 个微电网示范工程	总结出适用于国防应用的微电网标准和模板
微电网自助贷款试点计划	2013 年	27 个微电网示范项目投资 1500 万元	防范飓风等极端灾害天气对电力供应带来的不利影响
配合"气候行动计划"	2014 年	800 万美元投资微电网建设	增加电网灵活性

资料来源:上海情报服务网,http://www.hyqb.sh.cn/publish/portal0/tab131/info9023.htm

①　资料来源:能源观察网,http://www.chinaero.com.cn/zxdt/djxx/ycwz/2015/08/147771.shtml。

另外,在商业机构对智能微电网的研发和投资方面,美国许多著名的企业,如通用电气、甲骨文等都对微电网项目有所涉猎,如表 3-2 所示。2011 年以来,美国其他行业一些具有实力的公司也参与了微电网市场的竞争,美国资深的国防承包商波音公司与西门子公司组成战略联盟为美国国防部的微电网项目提供技术和产品服务。这些公司将研究领域从美国电力可靠性技术解决方案协会定义的电网侧的微电网技术延伸到了需求响应侧智能用电技术,不仅拓展了相关的产品市场,而且有利于市场盈利模式的创新开发。从研发背景分析,这些公司的技术研发工作大部分是在美国能源部、国防部、国土安全部等政府部门的合约下开展的,包括技术开发方向和研发资金提供,同时将研发技术在这些政府部门牵头的示范性项目中进行验证和评估。可以说,以国防部和国土安全部为主的美国政府是目前美国微电网市场最大且唯一的客户。

表 3-2　美国商业机构微电网技术研发现状

公司	技术研发	研发背景	产品应用
通用电气 (General Electric Company, GE)	微电网控制系统(energy manage system, EMS),旨在辅助孤岛或者并网型微电网运营者储存和调配可再生能源及化石燃料能源,优化微电网运营,将能源成本最低化	与美国国防部的环境安全与技术认证项目(environmental security technology cereification program, ESTCP)办公室签订合约,ESTCP 办公室资助 200 万美元,开发周期 3 年,即 2009 年至 2012 年。计划在全国 400 多个军事基地推广使用	在加利福尼亚棕榈海军基地测试与验证微电网系统控制器,2012 年年初全面投入使用,承担该军事基地全部用电,同时满足国防部网络安全标准。基地规模:1 兆瓦,7 英亩(1 英亩＝0.004047 平方千米)光伏发电场;7 兆瓦燃气热电厂;燃料电池及高级储能系统
	微电网能量管理系统(microgrid energy management, MEM),能向微电网中的器件提供统一的控制、保护和能量管理平台。MEM 的设计旨在通过优化对微电网中互联元件的协调控制来满足用户的各种需求,如运行效率最高、成本最小等	美国能源部与通用电气共同资助第二个"通用电气全球研究"计划,投资约 400 万美元	

公司	技术研发	研发背景	产品应用
甲骨文集团（Oracle）	Oracle 分布式电网管理系统，微电网模型创建三相不平衡电网模型；实时负荷监测及未来48 小时峰值预测；拓扑处理器处理三相不平衡配电；网络功率流具有运行周期性功率流功能，分析微电网现状；电压优化可确定最佳配置结构。电动汽车充电以及不同品种能源优化配置功能尚在开发中	美国能源部资助 720 万美元用于公用事业端应用技术开发与验证工作，开发周期 3 年，即 2009 年 1 月至 2012 年 3 月	参与 SDG&E(Sandiego Gas & Electric，即圣迭戈电源行业协会）微电网项目，负责断电/配电管理系统(outage management system 1 distribution management system，OMS/DMS) 开发与应用。示范项目地区为加利福尼亚州的圣迭戈
波音公司	研制经济的能效工具，用于分析、控制和自动操作能源过程；采用智能能源控制提供能源管理的实时数据；整合可再生能源和储存能源	2011 年 8 月，与西门子公司组成战略联盟为美国国防部的微电网项目提供技术和产品服务	尚未有成熟的产品技术公开
霍尼韦尔	霍尼韦尔微电网技术系统	与美军坦克自动化研发工程中心(Tank Automotive Research, Development and Engineering Center, TARDEC)签订合约。从 2010 年 9 月起为期 18 个月。TARDEC 提供 460 万美元资金	2011 年，在夏威夷空军基地测试并验证霍尼韦尔微电网技术系统，采用太阳能及其他电源，减少油耗 60% 以上
Nextek 电力系统公司	直接耦合微电网采用直接耦合技术，通过采用直接耦合兼容设备减小功率损失，提高节能效率，实现在电源和微电网之间的直接连接	与联邦政府签订合约	在美国亚利桑那州的瓦丘卡堡的南方制冷厂水化学实验室建立直接耦合微电网，用于评估直接耦合微电网更大规模使用的可行性。2011 年 7 月建成之后，直接耦合光伏电池系统供应整个厂的电力需求，无需交流电源

资料来源：上海情报服务网，http://www.hyqb.sh.cn/publish/portal0/tab131/info9023.htm

3.2.3 欧盟

从欧盟对微电网的定义可以看出,欧盟对微电网的侧重点主要在于微电网接入的灵活性、能源的多样性及清洁性等方面。FP 近年来一直把微电网的发展当做框架内一个重点的研究发展对象(Driesen and Katiraei,2008)。

欧盟于 2005 年提出了智能电网的概念,并于 FP5 中,专门建立了微电网实验平台项目,该项目主要在希腊雅典国立科技大学(National Technical University of Athens,NTUA)的主持下,并有多个国家、电力公司及大学参与共同研究,在多个地区建立了微电网实验平台,主要致力于研究如何将各种分散的小电源连接成一个微电网,并实现与配电网的连接。该项目已完成并取得了一些颇具启发意义的研究成果,如可用于逆变器控制的低压非对称微电网的静态和动态仿真工具、孤岛和互连的运行理念、基于代理的控制策略、本地黑启动策略、接地和保护的方案、可靠性的定量分析、实验室微电网平台的理论验证等[①]。FP 对此项目的财政援助也达到了 450 万欧元。

FP6 将微电网技术项目的拨款提高到了 850 万欧元,该项目仍然由希腊雅典国立科技大学领导,重点是研究多个微电网连接到配电网的控制策略、协调管理方案、系统保护和经济调度措施,以及微电网对大电网的影响等内容[①]。

欧盟所建立的实验平台及示范项目相对于其他对微电网研究较早的国家,如美国、日本来说,数量更多。欧盟相继在雅典、德国、法国等国家和地区建立微电网实验室,针对微电网不同方面的技术进行研究和验证。这些研究涉及微电网的运行、控制、保护、通信、多微电网协同和经济性评估等方面。

希腊建立了基斯诺斯岛微电网示范工程,该微电网位于爱琴海南部的基克拉泽斯群岛,为 12 户居民供电。电源包括 10 千瓦的光伏电池、53 千瓦时的蓄电池组和一个 5 千瓦的柴油机组。另外约 2 千瓦的光伏电池安装在控制系统建筑的楼顶上,通过艾思玛太阳能技术股份公司(SMA Solar Technology AG,SMA)逆变器和 32 千瓦时的蓄电池组为监测及通信提供电源。住宅区的电力供应通过 3 个并联的 SMA 电池逆变器组形成一个可靠的单向回路。电池逆变器组能够工作在频率下垂模式:当蓄电池组处于低电能状态时,可以允许信息流向开关负荷控制器;当蓄电池组处于饱和情况时,可以限制光伏逆变器组的功率输出。

---

① 资料来源:北极星电力网,http://www.chinasmartgrid.com.cn/news/20141024/557394.shtml。

3.2.4　日本

日本对微电网的研究侧重点在于希望通过微电网实现能源供给多样化、减少污染、满足用户的个性电力需求。新能源产业技术综合开发机构从 2003 年开始，组织了一系列微电网实验项目及相关研究，并先后在八户市、爱知县、京都市和仙台市等地区建设了微电网示范工程。另外，日本学者还提出了灵活可靠性和智能能量供给系统其主要思想是在配电网中加入一些灵活交流输电系统装置，利用控制器快速、灵活的控制性能，实现对配电网能源结构的优化，并满足用户的多种电能质量需求。目前，日本已将该系统作为其微电网的重要实现形式之一（张建华和黄伟，2010）。

与美国、欧盟的情况略有不同，由于地理方面的原因，日本对海岛微电网的发展极为重视，同时日本也是世界上海岛独立电网最多的国家。并且日本格外重视可再生能源的利用，希望用可再生能源发电来替代传统发电方式，从而带来环境的改善与能源压力的缓解。

日本经济产业省资源能源厅于 2009 年启动了岛屿新能源独立电网实证项目，通过提供政府财政补贴，委托九州电力公司和冲绳电力公司在鹿儿岛县和冲绳县地区的 10 个海岛上完成了海岛独立电网示范工程的建设，包括由东芝集团负责建设的宫古岛大型海岛电网和由富士电机株式会社负责建设的 9 个中小型海岛微电网。

另外，日本经常会发生海啸、地震、台风等严重的自然灾害，因此电力供给的稳定性与可靠性是一个急需解决的问题。这也是日本发展微电网的另一个重要原因。

日本微电网项目最著名的莫过于新能源产业技术综合开发机构在青森县、爱知县及京都县建立的三个微电网示范工程。

青森县的微电网展示项目则包括不同类型的分布式电源和不同类型的负荷（直流负荷和交流负荷），并且采用了一些保证负荷侧供电质量的装置。

青森县示范工程规模较大，该工程全部采用可再生能源（风能、太阳能和生物质能）供给电能和热能。该工程电源包括生物质燃气发电机 3×170 千瓦、铅酸蓄电池 2×50 千瓦、光伏发电 80 千瓦、风力发电 20 千瓦，共 710 千瓦。负荷包括市政厅 360 千瓦、4 所中小学 205 千瓦、八户供水管理局 38 千瓦，共 603 千瓦。整个微电网通过公共连接点与外部大电网连接。在 9 个月的运行期间，由于建立微电网使可再生能源利用系数增加，从大电网的购电量减少，二氧化碳排放量也大幅度降低。孤网独立运行一周，系统频率维持在（50 ± 0.5）赫兹，较好地实现了系统的稳定运行。

青森县微电网示范工程也是微电网中的一个典型代表,其将供电质量分为不同的等级,针对不同电能质量的负荷具有相应的补偿设备,并根据不同等级进行不同质量的供电[①]。

3.3 中国智能微电网的发展

3.3.1 电网向智能化转变带来的市场机遇

从最近几年的情况来看,中国的电力工业将发展方向主要放在了电网的建设以及发电方式的转变上面。一方面,中国目前的发电结构仍主要以火电为主,而水电的发展空间已经不大,因而利用太阳能、风能等清洁能源发电已经成为未来发展的重要途径;另一方面,加强电网建设可以加强供电的稳定性和可靠性,电网智能化也是未来电网建设的必然发展方向。

2009年5月,国家电网在特高压输电技术国际会议上提出了"坚强智能电网"的概念,即以特高压电网为骨干网架、各级电网协调发展的坚强网架为基础,以通信信息平台为支撑,具有信息化、自动化、互动化的特征,包含电力系统的发电、输电、变电、配电、用电和调度各个环节,覆盖所有电压等级,实现"电力流、信息流、业务流"的高度一体化融合的现代电网。电网的"坚强"与"智能"本身也相互交叉,不可拆分。

在电网各环节智能化建设方面,国家电网在《国家电网智能化规划总报告》中详细说明了国家电网的智能化建设计划,分为2009～2010年、2011～2015年和2016～2020年三个阶段推进(表3-3),其中第一个阶段是准备阶段,第二个阶段,也即"十二五"期间,是全面建设阶段,从投资规模上也可以看出相应的趋势变化。

根据产业信息网的测算,以历年的电力基建投资完成额为基础,假定2014～2020年的投资额,随着智能电网的不断推进和相关设备技术逐渐成熟,智能化投资比例相应有所增加。"十三五"期间年均市场容量约为463亿元,具体数据如表3-4所示。

---

① 资料来源:北极星电力网,http://www.chinasmartgrid.com.cn/news/20141028/558360-3.shtml。

表 3-3　智能电网投资数据

项目	第一阶段	第二阶段	第三阶段	合计
电网总投资/亿元	5510	15000	14000	34510
年均电网投资/亿元	2755	3000	2800	2876
智能化投资/亿元	341	1750	1750	3841
年均智能化投资/亿元	171	350	350	320
智能化投资占电网投资比例/%	6.2	11.7	12.5	11.1

资料来源:《国家电网智能化规划总报告》

表 3-4　智能电网各环节市场估算

项目	2015 年	2016 年	2017 年	2018 年	2019 年	2020 年
电网基建投资额/亿元	4100	4500	4000	3800	3700	3600
智能化投资比例/%	9	11	12	12	12	13
智能电网投资/亿元	369	495	480	456	444	468
其中:发电智能化市场/亿元	5.17	6.93	4.7	4.47	4.35	4.59
输电智能化市场/亿元	11.81	15.84	23.28	22.12	21.53	22.7
变电智能化市场/亿元	87.08	116.82	107.18	101.82	99.15	104.5
配电智能化市场/亿元	38.38	51.48	83.9	79.71	77.61	81.81
用电智能化市场/亿元	100.74	135.14	130.46	123.94	120.68	127.2
调度智能化市场/亿元	21.4	28.71	13.97	13.27	12.92	13.62
通信信息平台健身市场/亿元	104.43	140.09	116.5	110.67	107.76	113.58

资料来源:2014 年中国智能电网各细分系统市场规模测算及整体趋势预测分析,中国产业信息网 http://www.chyxx.com/industry/201403/231096.html

从智能化投资在各环节的分布来看,"十三五"期间,电网智能化建设的重心将转向配、用电环节,加深输电主网与终端用户之间地带的智能化。可以说,微电网是代表未来发展方向的配电技术,因而从国家未来投资的角度来看,智能微电网未来拥有非常广阔的市场。

3.3.2　分布式发电的巨大潜力

根据中国电力企业联合会 2015 年 2 月发布的《2014 年电力工业运行简况》,2014 年中国火电发电量占比 75%,水电发电量达 10661 亿千瓦时,占全国总发电量的 19.2%,而风电 1563 亿千瓦时,核电 1262 亿千瓦时,太阳能发电突破 200 亿千瓦时达 231 亿千瓦时,同比分别增长 12.2%、13.2% 和 171%,共占全国发电量的 5.6%左右,比上年提高 0.7 百分点。迫于能源和环境压力,未来要改变以煤炭为主的发电结构需要清洁能源进行有力的替代。而发展清洁能源的一个重要途径就是推广分布式发电。

分布式发电是通过对各种可用分散能源,如可再生能源等的利用从而进行发电的技术。分布式电源的容量一般是不同的,小型的可以容纳几百千瓦以内的电能,而大型的分布式电源容量可以达到几兆瓦。主要包括以液体或气体为燃料的内燃机、微型燃气轮机、光伏电池、风力发电、生物质能发电等。

中国在分布式发电方面拥有巨大的潜力,国家能源局最新披露的数据显示,中国分布式风电潜力为 200 吉瓦,小水电 150 吉瓦,中小型煤层气发电 8 吉瓦,余热余压发电 50 吉瓦,分布式天然气发电 50 吉瓦。

尤其是在光伏发电方面,根据国家住宅与居住环境工程技术研究中心的推算数据,2020 年中国建筑总面积将达到 700 亿平方米,其中可利用的南墙和屋面面积为 300 亿平方米,按照可利用面积的 20%用于安装光伏系统计算,届时可安装光伏的建筑面积约为 60 亿平方米。根据每 20 平方米安装 1 千瓦光伏系统进行计算,2020 年建筑光伏最大装机容量可高达 300 吉瓦,由于 80%的屋面面积位于中东部地区,因此建筑光伏的主要建设区域在中东部省份。按照中东部地区年平均等效利用小时数为 1200 小时,2020 年建筑光伏年发电量约为 3 亿千瓦×1200 小时=3600 亿千瓦时,约相当于 3.6 个三峡电站的全年发电量(按照三峡电站 2014 年全年发电量 988 亿千瓦时估算)(英利分布式电力投资管理公司,2014)。

分布式可再生电源具有容量小、功率不稳定、并网容易影响大电网系统安全稳定的缺陷,然而分布式电源在并网的过程中所产生的主要问题可以被微网技术解决,使得分布式发电技术能够有效地在中低压层面上应用。同时,微网技术自身就具备电能储存的功能,并且可通过自身的功能管理所储备的电能。因此,在电网功率的平衡维持方面具有一定的作用,这也有效地降低了变电运行调度人员的工作难度。微网技术弥补了分布式发电技术的一些弱项,是分布式发电得以大规模应用的关键之一。

微电网可以使用的分布式电源包括微型燃机、热电联产机组、燃料电池发电系统、太阳能光伏发电、风力发电、生物质能发电、水电和潮汐发电等。微电网是含有分布式电源的具有一定电源属性的配用电技术。可以说,微电网是代表未来发展方向的配用电技术。2015 年 7 月 22 日,国家能源局发布了《关于推进新能源微电网示范项目建设的指导意见》,明确指出新能源微电网代表了未来能源发展的趋势。

3.3.3 发展智能微电网的意义

1. 智能微电网可以促进可再生能源分布式发电的并网,有利于可再生能源在中国的发展

近年来,可再生能源发电的份额逐步提高。可再生能源被视为解决环境问题,特别是减少碳排放的有效途径,长期则可能是人类能源需求的最重要的解决方案之一。全球 2014 年可再生能源发电占电力生产总值的比例约为 22.8%(包括水电等),其中风能与太阳能之和占到 4%。中国面临着严重的环境压力而更加重视可再生能源发电的发展,2014 年可再生能源发电量为 1.2 万亿千瓦时,占总发电量的 22%,其中并网风力发电占总发电量的 2.8%,光伏发电占总发电量的 0.45%,并网光伏占 0.42%。2014 年在中美双方发布的联合声明中,中国提出计划 2030 年左右二氧化碳排放达到峰值且将努力早日达到峰值,并相应地将 2030 年非化石能源占一次能源消费比重提高到 20%,而此前的规划是到 2020 年非化石能源占比为 15%。考虑到水电核电施工周期较长,增长受禀赋限制,风、光的发展潜力非常大。与传统的化石能源发电相比,以风能和太阳能为基础的可再生能源发电依赖于自然条件,具有波动性和间歇性的特点,大规模纳入会对电网的安全稳定带来很大的冲击。

而微电网正是解决可再生能源电源并网问题的关键,2015 年出台的 9 号文件明确推进电力体制改革的重点任务是"开放电网公平接入,建立分布式电源发展新机制",要求全面放开用户侧分布式电源市场及电源建设,支持企业、机构、社区和家庭根据各自条件,因地制宜投资建设太阳能、风能、生物质能发电以及燃气"热电冷"联产等各类分布式电源、准许接入各电压等级的配电网络和终端用电系统。鼓励专业化能源服务公司与用户合作或以"合同能源管理"模式建设分布式电源。

智能微电网及分布式电源虽然主要与配电网联系,但对整个电力系统的影响却将是巨大而深远的。

2. 智能微电网可以提高供电可靠性和电能质量,有利于提高电网企业的服务水平

正如前文所述,人们对电力需求的方向从量转向电量供给的稳定性和质量。一些敏感性负荷一旦发生停断电,后果将不堪设想。

不同单位对于供电质量需求不一样,一些特定单位场所属于敏感性负荷,如医院、军队、工厂等对于电力供给的稳定性和可靠性要求非常高,因为对于这些单位来说,一旦发生停断电,会造成巨大的损失。而智能微电网的利用可以满足各种用电需求,提高供电的可靠性和电能质量。

3. 智能微电网可以延缓电网投资,降低网损

传统的供电方式是由集中式大型发电厂发出电能,经过电力系统的远距离、多级变送为用户供电。而微电网采取电能在靠近用户的地方生产并直接为用户供电的方式,即"就地消费",因此能够有效减少对集中式大型发电厂电力生产的依赖以及远距离电能传输、多级变送的损耗,从而延缓电网投资,降低网损(张建华和黄伟,2010)。

4. 智能微电网可以有效缓解农村用电问题

2014年中国无电人口为123万,大多数居住在西部地区分散的村落,常规供电方法根本无法满足其用电需求。《中华人民共和国国民经济和社会发展第十二个五年规划纲要》也提出了"无电地区人口全部用上电"的目标,而智能微电网能够比较有效地解决中国西部地区目前常规供电所面临的输电距离远、功率小、线损大、建设变电站费用昂贵的问题,为中国边远及常规电网难以覆盖的地区的电力供应提供有力支持。

2015年7月国家能源局发布了《关于推进新能源微电网示范项目建设的指导意见》,特别强调了联网型新能源微电网优先选择在分布式可再生能源渗透率较高或具备多能互补条件的地区建设;独立型(或弱联型)新能源微电网主要用于电网未覆盖的偏远地区、海岛及仅靠小水电供电的地区,也可以是对送电到乡或无电地区电力建设已经建成但供电能力不足的村级独立光伏电站的改造。

总体来说,智能微电网代表了未来能源发展趋势,是推进能源发展及经营管理方式变革的重要载体,对推进节能减排和实现能源可持续发展具有重要意义。同时,智能微电网也是电网配售侧向社会主体放开的一种具体方式,符合电力体制改革的方向,可为新能源创造巨大的发展空间。

3.3.4 智能微电网发展现状

国内微电发展处于起始阶段,重在解决分布式发电并网问题。和欧美等国的微电网发展现状相比,中国微电网的发展尚处于起始阶段,但微电网的特点适应中国电力发展的需求和方向,发展路线明确。

从中国微电网发展路线并借鉴国外经验来看,中国微电网的发展重点应该是解决分布式发电的并网问题。处于电力系统管理边缘的分布式发电并网会造成

电力系统不可控、不安全和不稳定,从而影响电网运行和电力市场交易,所以分布式发电面临技术障碍和质疑,也就造成诸多弃风、弃光现象。

目前来看,面临比较低的电力需求和比较大的弃风弃光率,可再生能源产业可持续发展将受到挑战。虽然可再生能源快速发展,弃风弃光困局却依然存在。2015年弃风率达到15%,甘肃、新疆和吉林弃风率都超过了30%。2015年1～9月全国弃光率大约为10%。2015年电力需求增长疲弱,火电利用小时数大幅度下降,虽然新能源受到政策保护,但也的确受到市场需求的影响。中国西北、华北拥有大规模的新能源,弃风、弃光现象也特别突出,原因在于新能源虽规模大,但当地市场小且输送困难。

破解这一困局,需要通过技术创新和改变可再生能源发展模式,这样才能真正最低成本地解决弃风弃光问题。以往对于可再生能源与传统能源的比较,主要关注其本身发电成本,而忽略电网成本和技术可行性。如果没有储能技术,由于成本和技术问题,电网难以大规模消纳可再生能源。也就是说,没有储能技术配合,单独靠可再生能源走不远。所以储能结合可再生能源,建立独立的微电网的模式,是人类能源未来发展的方向。

国家正在大力推广示范工程,《可再生能源发展"十二五"规划》中明确提出到2015年要建成30个"新能源微电网示范工程"的目标。目前,微电网示范工程大致可分为三类。

1. 边远地区微电网

一方面,中国的资源分布和需求非常不平衡,中国的太阳能资源分布共划分为四类地区,太阳能资源最丰富的一类地区主要都分布在青藏高原、甘肃北部和中部、宁夏北部和南部、新疆南部、内蒙古南部、青海东部等西部地区。而从风能资源来看,除了东南沿海及岛屿外,内蒙古和甘肃北部,为中国次大风能资源区。而这些地区的人口较少,人口密度也较小,因而电力需求相对较小,传统发电方式及大电网铺设成本过高。另一方面,西部地区的生态环境较为脆弱,传统的化石能源发电对边远地区的环境影响很大。因而,从这两方面来说,这些地区是微电网示范工程项目的天然良所,同时,其解决了这些地区供电困难的问题。目前中国已经在西藏、青海、新疆等西部地区建立了多个微电网示范工程项目,部分微电网如表3-5所示。

表 3-5　中国边远地区微电网示范工程

项目名称	项目承做方	投运时间	项目规划
新疆吐鲁番新能源城市微电网	龙源电力	2012 年	13.4 兆瓦光伏发电、储能系统
蒙东陈巴尔虎旗微电网	中国电力科学研究院、蒙东公司	2012 年	110 千瓦光伏发电、50 千瓦风电、50 千瓦时磷酸铁锂电池
西藏阿里微网	龙源西藏新能源有限公司	2013 年	10 兆瓦光伏、10.6 千瓦时储能
青海玉树杂多县大型光储微电网	北京索英电气技术有限公司、中能华辰控股集团股份有限公司	2013 年	3 兆瓦光伏发电、3 兆瓦/12 兆瓦时双向储能系统
内蒙古额尔古纳太平林场微电网	额尔古纳电力有限责任公司	2013 年	总投资 1070 万元,200 千瓦光伏发电,20 千瓦风电、80 千瓦柴油发电、100 千瓦时铅酸蓄电池

资料来源:中国储能网,http://www.escn.com.cn/news/show-254726.html

2. 海岛微电网

中国岛屿面积超过了 70000 平方千米,有人居住的岛屿约为 450 个。但是目前来看,海岛的电力供给仍然是一个非常棘手的问题,目前有近百万户沿海或海岛居民生活在缺电的状态中。

海岛供电主要有联网和离网两种方式。一般对于大型岛屿来说,人口较多,电力需求量较大,同时也相对稳定,一般可以采取联网型,主要通过海底电缆与大陆主网进行连接,但这必须建立在高成本高费用的基础上。但是,对于小型岛屿来说,电力需求小,联网型供电成本过高,因而大多采用离网型。

现在绝大多数岛屿通过内燃机发电,这种传统型发电方式一方面受燃料的制约,要解决燃料运输及成本的问题,另一方面,内燃机燃烧柴油等对脆弱的海岛生态环境有很大的负面影响。最重要的是,海岛风能太阳能都十分丰富,东南沿海及其岛屿,为中国最大的风能资源区,风光互补、潮汐能、波浪能等若能充分利用,可以很好地解决海岛的供电问题。因而,分布式能源微电网是未来中国海岛供电最重要的发展方向。

为了解决这些问题,中国建设了一批海岛微电网示范工程,在实践中开展理论、技术和应用研究,部分示范工程如表 3-6 所示。

表 3-6 中国部分海岛微电网示范工程

项目名称	项目承做方	投运时间	项目规划
浙江东福山岛微电网	国家电网浙江舟山海上风电开发有限公司	2011 年	100 千瓦光伏发电、210 千瓦风电、200 千瓦柴油机、1 兆瓦时铅酸蓄电池
珠海万山海岛新能源微电网	南方海上风电联合开发有限公司	2013 年	装机总容量 19 兆瓦,含风力、光伏发电、柴油机发电及电池储能
浙江南麂岛微网	国家电网浙江省电力公司	2014 年	1 兆瓦风电、660 千瓦光伏发电、1700 千瓦柴油机发电、4000 千瓦时磷酸铁锂电池。1 兆瓦×15 秒超级电容
浙江鹿西岛微电网(并网型微电网)	国家电网浙江省电力公司	2014 年	总投资 4309 万,300 千瓦光伏发电、1.56 兆瓦风电、1.2 兆瓦柴油发电、4 兆瓦时铅酸电池组、500 千瓦×15 秒超级电容、5 台 500 千瓦双向变流器

资料来源:中国储能网,http://www.escn.com.cn/news/show-254726.html

3. 城市微电网

除西部边远地区及海岛之外,在城市中建设微电网示范工程项目也是十分必要的,当技术成熟及经济性达到之后,城市普及推广是未来微电网发展的必然选择。尤其对于城市的一些敏感负荷来说,微电网带来的稳定性、可靠性是尤为重要的。另外还有一些发挥特殊作用的微电网示范工程,如江苏大丰风柴储海水淡化微电网项目。中国部分城市微电网及其他微电网的基本情况和特点如表 3-7 和表 3-8 所示。

表 3-7 中国部分城市微电网示范工程

项目名称	项目承做方	投运时间	项目规划
河南郑州财专光储微电网	国家电网	2010 年	350 千瓦光伏发电、200 千瓦时锂电池储能
北京左安门微电网	北京市电力公司	2011 年	50 千瓦光伏发电、30 千瓦三联供机组、70 千瓦时铅酸电池
天津中新生态城微网	国家电网天津电力公司电力科学研究院	2014 年	100 千瓦光伏发电、1.5 兆瓦燃气三联供机组

项目名称	项目承做方	投运时间	项目规划
天津赛达工业园区微电网	国家电网天津电力公司电力科学研究院	2014 年	300 千瓦光伏发电、400 千瓦风电、锂离子电池和超级电容混合储能
江苏大丰风柴储海水淡化微电网（独立型）	额尔古纳电力有限责任公司	2013 年	总投资 2.35 亿元，2.5 兆瓦风电、3 组 625 千瓦时铅碳蓄电池、1 台 1250 千伏安柴油发电机

资料来源：中国储能网，http://www.escn.com.cn/news/show-254726.html

表 3-8 中国部分正在规划的城市微电网示范工程

项目名称	预计完成时间	投运时间	项目规划
北京延庆微电网项目	2020～2025 年	2014 年 7 月	2 兆瓦光伏发电、60 千瓦风电、2.4 兆瓦储能系统，预计投资 20.6 亿元
二连浩特新能源微电网	2020 年	2015 年 2 月	565 兆瓦光伏发电、150 兆瓦光热、1820 兆瓦风电、160 兆瓦储能系统

资料来源：中国储能网，http://www.escn.com.cn/news/show-254726.html

3.4 智能微电网经济性分析

虽然微电网未来有很好的投资前景，也是未来电网发展的必然方向。但是，目前来看，微电网的推广并不是十分顺利的。即使从全世界范围来看，目前的微电网示范项目仍然以政府支持下的示范工程为主，并不具备商业普及以及实用推广的程度。而这一限制主要来自经济性，当然从另一个角度来说，一切经济性的限制都是技术限制，中国目前的智能微电网需求主要来自偏远地区以及海岛这样电力供给困难、大电网连接成本较高的地区，然而这些地区又普遍存在资金不足的问题。

微电网建设发展的关键是经济性问题，微电网需要有强大的电源来支撑，这必然导致成本增加，并且智能微电网的覆盖范围广，建设周期长，需要大量的资金投入。同时，电网建成后投资收益回报期也比较长，因此补贴政策的缺乏会让一部分投资者处于观望状态（纪明伟，2009）。

从美国多个项目的资料来看，项目总投资都在百万美元级，但项目建设成本

在不同国家是不同的。MeraGaoPower 是印度一家推广基于太阳能光伏发电微电网应用的公司,据该公司网站披露的信息,截止到 2012 年 6 月 1 日,该公司的太阳能微电网系统已经为 20 个村庄的 600 多户居民提供了用电服务。

3.4.1 算例分析

为大致估算一个智能微电网系统项目的成本,我们可以通过一个简单的算例进行模拟。假设在一个 1000 人的居民区内构建孤岛智能微电网系统,这一系统不与大电网进行并联。并且微网系统由光伏发电和铅酸蓄电池组成,分布式光伏接入容量为 80%,储能系统为 20%。

国家能源局的数据显示,2014 年社会居民用电量为 6928 亿千瓦时,利用人口数计算得到 2014 年居民人均用电量为 509.4 千瓦时。按照全国人均用电水平计算可得微网系统内全年用电负荷为 509400 千瓦时。假设该地区每日标准光照时长为 3.8 小时,且在分布式光伏接入容量为 80% 的基础上:

$$(509400 \times 0.8)/(3.8 \times 365) = 294 \qquad (3-1)$$

因而,根据发电量应略高于所需负荷的原则,系统大约需要 300 千瓦光伏组件,搭配的储能元件为 200 千瓦时的铅酸电池。

构建微电网系统的成本主要有建设投资成本、安装运行维护成本、燃料成本、停电补偿成本等。其中微电网建设成本主要有分布式电源成本、工程建设成本、维修成本、固定支出成本、国家税收等。分布式电源是微电网的重要组成部分,所占的成本比重最大。以风机、光伏为例,其中风电场中,道路费用占 2%,并网连接费占 4%,安装费占 4%,塔架和基础费占 8%,风机造价占 82%;光伏电站中,并网逆变器费用占 9%,配件占 14%,其他费用占 16%,光伏组件费用占 61%。不同的分布式发电方式装机成本差异很大,梁惠施等(2011)给出了现有微电网中常见的发电方式装机成本比较,具体指标如表 3-9 所示,其中 CHP(combined heat and power)表示热电联产。

表 3-9 常见发电方式的装机成本比较

发电方式	电源类型	装机成本/(万元/千瓦)
集中式发电	火电,2×600 兆瓦	0.38
	火电,2×300 兆瓦	0.40
分布式发电	柴油发电机,30 千瓦	0.60
	柴油发电机,500 千瓦	0.18
	微型燃气轮机,80 千瓦	1.20

续表

发电方式	电源类型	装机成本/(万元/千瓦)
分布式发电	微型燃气轮机(CHP),80千瓦	1.35
	燃气轮机,500千瓦	0.66
	燃气轮机(CHP),500千瓦	0.75
	风力发电机	0.90～1.00
	光伏组件	4.00～10.00

资料来源:(梁惠施等,2011)

从表3-9中可以看出,除了大容量的柴油发电机之外,其余分布式电源的单位容量装机成本均高于集中式发电,这是影响其经济性的一个重要因素。随着技术的进步,特别是可再生能源技术的发展,分布式电源的装机成本有望大幅下降。计算时,光伏组件我们采用平均值。

微电网中除了包含分布式电源外,还有储能装置和一些电力电子装置等。表3-10给出了各种储能装置的成本比较。

表3-10　各种储能装置的成本比较　　单位:美元/千瓦时

储能类型	年化单位电量造价
铅酸电池	25
锂离子电池	120
钠硫电池	85
超导电池	200
超级碳极电池	85
低速飞轮系统	40
高速飞轮系统	80

资料来源:(王辉,2014)

由于微电网投资是一个长期的过程,我们需要对投资期年等值成本进行计算。年等值成本为若干年内年平均支付的成本,其计算公式为

$$I_{AYV} = \frac{r(1+r)^n}{(1+r)^n - 1} I_{INT} \tag{3-2}$$

其中,I_{AYV} 为等年值;I_{INT} 为项目的初期投资;n 为投资回收期,光伏组件折损年限一般设为25;r 为折现率,中国目前电力规划采用的折现率一般为8%。

安装运行维护成本我们按照建设投资成本的10%来估算,由于本算例系统内并没有燃气轮机等,因而燃料成本为零,且忽略停电补偿成本等。

根据式(3-2),我们可以计算得到

$$300 \times 7 \times (1 + 10\%) = 2310 \qquad (3\text{-}3)$$

$$\frac{8\% \times (1 + 8\%)^{25}}{(1 + 8\%)^{25} - 1} \times 2310 = 216.4 \qquad (3\text{-}4)$$

$$216.4 + (25 \times 200 \times 6.3)/10000 = 219.6 \qquad (3\text{-}5)$$

从而我们可以得到该微电网系统的年等值成本约为 220 万元,而根据《中国光伏分类上网电价政策研究报告》的标准,分布式光伏自用电分区电价补贴按照分区上网电价增加 25% 的计算方式来确定分布式发电内控分区电价,即使是最高标准的四类资源区,光伏上网电价为 1.35 元/千瓦时,计算可得在没有并网的系统内,该项目每年收益为 509400 × 1.35 = 687690,约为 70 万元,与每年投资成本相差甚远。

另外,微电网系统能够带来的收益还有替代煤炭带来的环境效益,稳定电网带来的可靠性效益,降低网损效益,等等,这些都应该纳入补贴的范畴。

目前智能微电网的成本较高,在现有条件下并不具备大规模商业开发的条件,不久之后微电网具体的补贴细则陆续出台,将有利于推动微网商业化,利好储能电池生产和微网投资运营商。未来微电网的发展将不是简单线性的,而是在达到某个临界点后呈现爆发式的增长(赵耀,2013)。

3.4.2　中国发展智能微电网的建议

1. 目前主要着眼于重点实验项目,补贴政策是微网发展的关键

通过国内外智能微电网的发展情况,我们可以比较得出,几个国家和地区对微电网的研究方向及发展方向是有一定区别的。美国最早提出了微电网的概念,目前发展也相对领先,美国发展微电网的侧重点主要在于电能的质量和供电的稳定性。而对日本来说,由于其国内资源匮乏,发展可再生能源是重中之重,因而日本对智能微电网的研究发展方向主要在于可再生能源的高效利用。而欧洲的主要发展方向在于侧重微电网与配电网互动、技术与商业协议的标准化。相对于这些发展较早的国家来说,中国目前仍算是初起步和重点实验阶段,中国对微电网的发展应该着重于分布式发电的并网,但目前来看,中国的智能微电网主要停留在单一电网阶段,主要实验项目仍在解决海岛发电问题上。现在微电网项目建设被正式提升至国家层面,2015 年 7 月 22 日,国家能源局对外公布了《关于推进新能源微电网示范项目建设的指导意见》,要求在电网未覆盖的偏远地区、海岛等,

优先选择新能源微电网方式,探索独立供电技术和经营管理新模式。

按照目前微电网相关技术发展及经济性来看,距离商业推广还有较大的距离。微电网建设发展的主要制约在于经济成本,尤其电源成本过高且投资周期较长,如果补贴政策不到位,投资者会缺乏动力。

从国外的经验来看,目前的微电网项目大多由政府主导,但仍有具体项目由政府补贴完成。美国加利福尼亚州能源委员会在 2015 年 9 月宣布为 Trane 和阿尔斯通提供 500 万美元资金研发一种利用太阳能光伏发电的污水处理微电网系统,安装在圣罗莎的拉古纳污水处理厂。电力运营商圣迭戈天然气与电力公司在 2015 年 2 月 17 日获得加利福尼亚州能源委员会对加利福尼亚州 Borrego Springs 地区的微电网扩张的约 500 万美元补贴。欧盟也在 FP5、FP6 和 FP7 下支持了一系列关于发展分布式发电和微电网技术的研究项目,组织众多高校和企业,针对分布式能源集成、微电网接入配电网的协调控制策略、经济调度措施、能量管理方案、继电保护技术,以及微电网对电网的影响等内容开展重点研究。

目前中国微网还处于示范阶段,现有项目大多由政府 100% 投资,支持贫困乡村地区用电。微网想要逐步向商业化推广,补贴政策的推出势在必行。国家能源局原计划 2015 年出台微电网电价及补贴方案,但目前处于征求意见稿讨论阶段,征求意见稿提出给予微网项目 70% 的系统补贴。

2. 微电网发展应按照合适路径,逐步开展

前文已经阐述,微电网的发展适合中国未来电力工业的发展需求,符合新能源的发展方向,也会满足人们日益提高的用电质量要求。但是微电网的发展是一个长期、逐步发展的过程,智能微电网的发展需要一个层级深入、不断演化的合理路径。

首先,对于微电网来说,需求最迫切的即边远地区及海岛等电力匮乏地区。这些地区电力供给困难,大电网接入成本过高,而相对来说太阳能及风能等可再生资源丰富,因而微电网系统构建成本也会相对较低,并且传统发电方式可能会对当地环境有较大影响。因而这些地区对微电网的需求最为强烈,国家也最先在这些地区建立了微电网示范工程项目。微电网在边远地区及海岛上面的应用能够很好地解决当地居民的用电问题,解决民生需求问题也是目前对于微电网项目的最迫切需求。

其次,对微电网有明确需求的则是一些敏感性负荷单位,如医院、军队、高级娱乐场所、工厂等都对电力供给的稳定性与可靠性有很强烈的需求,因为一些单位场所,一旦遭遇停断电,损失非常之大。并且相对来说,敏感性较高的单位资金

较为充足,为电力稳定性支付更高费用的意愿也更为强烈。因而当满足民生需求之后,敏感性负荷可能是微电网商业推广的一个重要突破口。并且,中国敏感性负荷数量庞大,如表 3-11 所示,潜在市场拥有较大的开发潜力。

表 3-11　2014 年全国敏感性负荷数量表　　　　　单位:个

负荷性质	数量
普通高等院校	2542
医院[1]	24902
地铁站	1805
购物中心	3500
规模以上工业企业数	359698
星级酒店	12500
娱乐中心[2]	90276

1) 2014 年年底,根据国家卫生和计划生育委员会统计,公立医院 13388 个,民营医院 11514 个

2) 娱乐中心数据为东方证券 2012 年数据

资料来源:CEIC(中国经济数据库)、统计公报等整理得到

最后,居民社区是微电网最终目标市场,随着示范项目逐渐成熟,微电网技术不断提高,微电网经济成本也会逐渐下降。当其经济性适应大规模市场推广时,居民社区是微电网最终的目标市场。

根据技术扩散的通常路线,同时参考世界微电网发展的情况,我们可以描绘出智能微电网未来的发展路径。

首先是边远地区及海岛等电力供给困难地区,这些地区对微电网的需求基本是刚性需求,虽然不具备经济性,政府也需要大量的资金支持,但其旨在解决民生问题,具有微电网示范实验的意义。其次,在不断地实验与研发过程中,技术取得一定的进步后,经济成本有所下降,可以将微电网商业推广到敏感负荷单位,这些单位有需求且有能力承担微电网的建设成本。最后,当技术继续进步、微电网经济成本持续下降之后是居民社区,居民社区的微电网建设需求并不是绝对比以上各类要晚的,事实上目前已有浙江新余计划建设基于光伏发电的智能社区,但该类需求的集中释放要晚一些,且在很大程度上取决于政府的支持力度和建设成本降低的幅度[1]。

① 东方证券研究所,微电网,智能电网投资下一站,2012 年 7 月。

3. 可再生能源与储能技术是微电网未来发展的核心

简单来说,微网就是由分布式发电系统和储能系统构成的,因而未来可再生能源的利用以及储能技术的发展直接决定了智能微电网的发展进程。一切经济成本问题都可以归结为技术问题,分布式发电及储能技术是制约微电网经济性的关键因素。

独立微电网若没有能源储存系统,可再生能源占总发电来源比率最高只能达到四成。目前微电网技术已经有了新的突破,ABB(Asea Brown Boveri,Ltd.)在2015年9月参与举办于巴塞罗那的全球微电网创新论坛时表示,只要加上自动化系统辅助,独立微电网的可再生能源最高比率可达五成,不需要能源储存系统的辅助。从国外经验来看,国外对储能方面的补贴十分直接和到位。美国2009~2011年发布了一系列《可再生与绿色能源存储技术方案》,通过这些法案,对美国储能产业的发展做出了一些规划与部署,主要针对美国储能系统的投资税收减免,为电网规模储能的投资提供了税收优惠等一系列补贴减免政策。德国在推动储能产业方面的动作较大,2013年和2014年共投资5000万欧元,对新购买储能系统的用户直接进行补贴,有效地促进了户用储能市场的发展,2014年已有30兆瓦的项目获得补贴。2014年3月,日本经济产业省发起了新一轮针对锂离子电池储能系统的补贴计划,共划拨了100亿日元,给予购买者购买系统价格2/3的资金补贴。

因而,要促进微电网的发展,可再生能源的利用以及储能技术的发展才是关键。

第 4 章　电 动 汽 车

4.1 电动汽车发展的能源、环境背景及重要意义

4.1.1 电动汽车产业发展与中国能源现状

国家统计局最新公布的数据显示,2015 年全年能源消费总量为 43.0 亿吨标准煤,比上年增长 0.9%。煤炭消费量下降 3.7%,原油消费量增长 5.6%,天然气消费量增长 3.3%,电力消费量增长 0.5%。煤炭消费量占能源消费总量的 64.0%,水电、风电、核电、天然气等清洁能源消费量占能源消费总量的 17.9%。

国家统计局数据还显示,2015 年全国万元 GDP 能耗下降 5.6%。"十二五"时期的发展规划要求,要实现单位 GDP 能耗下降 16% 的目标,这意味着年均下降 3.2%。2011~2014 年实际分别降低 2.0%、3.6%、3.7% 和 4.8%。这意味着"十二五"降低 16% 的预期目标已经超额完成。另外,根据"十二五"规划,非化石能源所占比重到 2015 年要实现占比达到 11.4% 的目标,2015 年实际的一次能源结构中,非化石能源实际占比 12%,也已经完成了当初预期的目标。

与此同时,也应该意识到中国能源生产和消费面临严峻挑战。从总量上看,根据国家统计局《2015 年国民经济和社会发展统计公报》公布的数据,2015 年一次能源消费总量为 43 亿吨标准煤,这已经超出了"十二五"规划制定的到 2015 年 40 亿吨标准煤的目标。从与传统汽车行业发展息息相关的石油方面来看,中国石油集团经济技术研究院 2016 年发布的《2015 年国内外油气行业发展报告》数据显示,2015 年全年石油净进口 3.28 亿吨,增长 6.4%,石油对外依存度首次突破 60% 达到 60.6%。2010~2015 年,国内原油产量从数据上来看仍在增长但增长幅度较小,维持在 2 亿吨到 2.1 亿吨之间,国内石油资源探明储量及可采储量并未发生非常明显的变化。而随着经济发展以及国内汽车保有量迅速增长,石油消费仍将快速增加。根据厦门大学中国能源经济研究中心的相关测算,2011~2013 年汽车部门能耗总量(标准煤)分别为 283910 万吨、315240 万吨和 351210 万吨,占全国能耗比重分别为 8.13%、8.89% 及 9.56%。汽车部门能耗占石油消费比重也正快速地上升,2013 年汽车部门石油消费比重已经达到了 50%。

总的来说,传统汽车产业的发展给当前能源供给尤其是石油供给带来了严重压力。世界能源市场的复杂多变也给石油对外依存度较高的中国带来了能源安全方面的巨大压力。

4.1.2　电动汽车发展与中国环境背景

随着中国经济的不断发展,环境问题日益突出,环境因素的限制已经成为政府制定相关产业发展规划的重要参考依据之一。就汽车产业发展而言,相关的环境限制主要有大气污染及二氧化碳排放两个方面。

近年来雾霾已经成为中国很多城市的常态。究其原因,以煤炭为主的能源结构和巨大的能源消费量无疑是重要原因,机动车尾气排放物也是城市大气污染的主要来源。随着汽车保有量的迅速增长,多数城市道路交通建设不能与之匹配导致拥堵现象日益严重,这又进一步加剧了汽车尾气排放对空气的污染。电动汽车的发展可以有效解决这一问题。

一方面,电动汽车可以降低行驶过程中的污染物排放,纯电动汽车(electric vehicle, EV)甚至可以实现行驶过程中的零排放,可以从根本上解决汽车尾气对大气的污染。从另一方面来说,中国巨大的能源消费量和以煤炭为主的能源结构是造成雾霾等大气污染事件的主要原因,调整能源结构,加大清洁能源在能源消费中所占的比重才是解决雾霾问题的根本手段。而电动汽车行驶所消耗的电能可以来自风能、太阳能等清洁能源,辅以相关的储能措施,最终将实现清洁发展。

二氧化碳排放也是一个不容忽视的问题。过去 30 多年中,中国的二氧化碳排放一直在快速增长。英国石油公司(British Petroleum, BP)数据显示,2006 年中国超过美国成为世界上最大的二氧化碳排放国,2013 年中国的二氧化碳排放大约占世界排放总量的 28%。早在 2009 年,中国政府就提出了到 2020 年,GDP 碳强度要在 2005 年的基础上下降 40%~45%,2011 年出台的"十二五"规划又细化了这一目标,要求到 2015 年单位 GDP 碳排放量比 2010 年水平降低 17%,中国面临着巨大的碳减排压力。传统汽车行业的发展离不开石油这一基本的动力来源,而石油资源的消耗将会不可避免地带来二氧化碳排放。随着汽车部门能源消费的不断增长,汽车部门的二氧化碳排放也将成为中国二氧化碳排放增长的一个重要来源。电动汽车的发展,不仅可以对汽车部门的二氧化碳减排做出直接贡献,更可以通过使用前述的清洁能源发电,实现整体的二氧化碳减排目标。

总的来说,电动汽车产业的发展,是实现整体清洁发展中的重要一环,无论是从终端污染物及二氧化碳排放,还是从整体实现清洁能源利用,电动汽车的发展都将对中国环境治理起到突出的作用。

4.2   电动汽车的定义及发展历程

4.2.1   电动汽车的定义

电动汽车,是指以车载电源为动力,全部或部分由电机驱动行驶,符合道路交通、安全法规各项要求的车辆。

1834年,美国的托马斯·达文波特(Thomas Davenport)首先发明了电动车,靠直流电机驱动。1832~1838年苏格兰人罗伯特·安德森(Robert Anderson)制造出了电驱动马车。紧接着1838年罗伯特·戴维森(Robert Davidson)发明了电驱动火车。目前行驶的有轨电车是1840年在英国出现的。1881年,世界上第一辆可充电的铅酸电池电动车辆在法国出现,此后电动汽车迅速发展。到19世纪末期,电动汽车已经占美国汽车销售总量的38%,燃油汽车和蒸汽汽车则分别占到22%和40%。

1917年,随着交流启动机的出现,燃油汽车告别了人力启动时代,电动汽车在道路车辆上的主导地位从此被打破,并在1920年之后逐渐失势,电动车市场逐步被内燃机驱动的汽车取代。只有在少数城市,保留着少量有轨电车、无轨电车和电瓶车。

20世纪60年代以后,国际石油市场发生了较大变化,油价快速上涨。尤其是1970年,第一次石油危机使石油价格一年内猛涨340%,石油价格从20世纪70年代初的1.7美元/桶迅速提高到1974年的11.65美元/桶。1978年到1980年的第二次石油危机,更使国际石油价格猛增到40美元/桶。为了摆脱石油危机,西方国家重新开始开发电动车。但是还没等到电动汽车产业壮大,石油危机便接近尾声。随着油价逐渐回落,电动汽车失去了商业化发展的动力,重新走入低谷。

20世纪90年代后,随着环境问题越来越引起关注,以及石油资源日益短缺,各国汽车制造厂商再次燃起对电动汽车的兴趣,纷纷开发研制新的电动车型。通用汽车在1990年1月洛杉矶汽车展上向全球推出Impact纯电动轿车;1992年,福特汽车推出使用钙硫电池的Ecostar车型;1996年,丰田汽车推出使用镍氢电池的RAV4LEV;1996年,法国雷诺推出Clio;1997年,丰田普锐斯(Prius)混合动力轿车下线;1997年,日产汽车推出世界上第一辆使用锂离子电池的电动车Prairie Joy EV。特别是进入21世纪以后,随着全球气候问题被普遍关注,石油价格持续

上涨,电动汽车又迎来新的发展机遇。

4.2.2 电动汽车的优点

与使用常规化石燃料的内燃机汽车相比,电动车的最大优势在于排放较低甚至零排放。即使考虑到电动汽车所需的电力在发电环节的排放,由于电厂越来越严格的污染物排放限制及太阳能和风能等清洁能源在电力结构中所占的比重越来越大,电动汽车的排放也将越来越低。

电动汽车的另一大优点就是可有效地减少对石油资源的依赖。中国的石油对外依存度已经突破 60%,给能源安全带来了严峻的挑战,常规化石燃料的内燃机汽车是石油消耗的主要来源之一,电动汽车的普及可以大大缓解中国面临的石油资源约束。而且蓄电池的电力,既可以来自煤炭、天然气、石油,也可以来自水力、核能、太阳能、风力、潮汐等新能源,为能源消费结构的多样性提供了条件。

从能源效率的角度来讲,电动汽车的优势也更为明显。有研究表明,原油经过化工厂精炼后通过内燃机燃烧驱动汽车行驶,以及使用原油发电再通过电力驱动汽车行走,两种方式相比后者的全周期能源使用效率更高。考虑到电动汽车充电可以避开峰谷,在峰谷电价的政策执行后不但可以节省充电成本,在一定程度上对提高发电设备使用效率、节约能源和减少碳排放等方面都有积极的作用。

4.2.3 电动汽车的类型

从电动汽车的动力来源来看,电动汽车主要分为混合动力电动汽车(hybrid electric vehicle,HEV)、纯电动汽车和燃料电池电动汽车(fuel cell electric vehicle,FCEV)三种类型。

1. 混合动力电动汽车

混合动力电动汽车是指同时有内燃机和电动机两种动力来源的汽车。混合动力电动汽车相比于传统的内燃机汽车最主要的区别是汽车既可以由内燃机驱动,也可以由电动机驱动,且在下坡或者刹车等运动过程中,汽车配备的电动机可以将机械能转化为电能储存起来为电池充电,避免了能量的浪费,因此同型号汽车的混合动力版本往往比传统版本能耗更低。

按照是否依赖外部充电来划分,混合动力电动汽车又分为普通混合动力车和插电式混合动力电动汽车(plug-in hybrid electric vehicle,PHEV)。前者电池所需的电力主要来自行驶过程中机械能的转换,无法通过外部电源为电池充电;而后者电池中的电力既可以来自汽车本身,也可以通过外部电源充电,即所谓的"插电式"。丰田普锐斯是前者的代表,也是世界上最早大规模商业化生产并获得成功的车型之一;后者以三菱公司的欧蓝德插电式混合动力汽车和比亚迪公司的"秦"为代表,两种车型 2015 年上半年累计销量分别为 17104 辆和 16477 辆,在全球电动汽车排名中位列第三位和第四位。

目前,混合动力电动汽车电池主要采用镍氢动力电池,插电式混合动力电动汽车电池主要采用锂离子电池或锂聚合物电池。按照驱动系统的配置结构关系,混合动力电动汽车可分为串联式混合动力电动汽车(series hybrid electric vehicle,SHEV)、并联式混合动力电动汽车(parallel hybrid electric vehicle,PHEV)和混联式混合动力电动汽车(split hybrid electric vehicle,PSHEV)三种。

串联式混合动力电动汽车包括内燃机发动机、发电机和电动机,工作时发动机驱动发电机发电,进而通过电动机驱动汽车运行。并联式混合动力电动汽车的电动机和内燃机发动机都可以作为汽车的动力来源,且既可以单独驱动又可以同时驱动。一般根据不同的工作状况选择不同的驱动模式,动力需求高时采用内燃机发动机和电动机同时驱动。混联式混合动力电动汽车的动力结构更为复杂,同样包括内燃机发动机、发电机和电动机,根据内燃机发动机与电动机在动力配置中的主次又分为电动机为主和内燃机发动机为主,控制结构更为复杂。各式结构的混合动力电动汽车特点见表 4-1。

表 4-1 各式结构的混合动力电动汽车特点

结构	控制系统	电池	能量传递效率	环境污染	适用车型
串联式(增程)	只用电动马达驱动行驶	容量大,增加了电池和汽车重量及成本	环节较多,能量效率较低	排放小	城市公交车
并联式	内燃机电动机为主,电动机为辅	总量较小,对蓄电池峰值功率要求较低	中间环节少,能量效率高	油耗较高,噪声大	小轿车,比亚迪秦
混连式	在低速时只靠电动马达	对电池依赖小,不需要外置充电系统	高	介于串、并联之间	小轿车

资料来源:中国汽车(电动车)动力电池行业分析报告

2. 纯电动汽车

纯电动汽车本身结构中不包含内燃机,全部动力来源为自身所携带的电池中储存的电能,并通过电动机驱动汽车行走。电池中储存的电力全部来自外部电源。从销量上看,日产聆风和特斯拉 Model S 是该领域的代表车型,两型车 2015

年上半年分别累计销售了 25068 辆和 21552 辆,在全球电动汽车销量排行中位列第一和第二(表 4-2)。2014 年特斯拉 Model S 全球销售为 31655 辆,2013 年为22300 辆。

表 4-2　2015 年上半年全球电动汽车销量排行

排名	车型	2015 年 6 月/辆	2015 年 1~6 月/辆	市场占比/%	2014 年排名
1	特斯拉 Model S	4994	21552	11	3
2	日产聆风	4711	25068	12	1
3	比亚迪秦	4015	16477	8	7
4	雷诺 Zoe	2498	8528	4	9
5	三菱欧蓝德 PHEV	2111	17104	8	2
6	大众 Golf GTE	1705	6604	3	33
7	宝马 i3	1564	10554	5	6
8	北汽 E 系列	1506	5803	3	16
9	雪佛兰沃蓝达	1389	6362	3	4
10	众泰云 100	1214	4347	2	N/A
11	大众 e-Golf	1180	7150	4	21
12	奥迪 A3 e-Tron	934	4577	2	36
13	知豆 D 系列	776	4913	2	13
14	福特 C-Max Energi	772	4508	2	11
15	福特 Fusion Energi	742	4363	2	8
16	荣威 550 PHEV	689	3321	2	34
17	丰田普锐斯 Plug-In	643	4196	2	5
18	奇瑞 QQ EV	510	3208	2	12
19	比亚迪 e6	506	2901	1	20
20	菲亚特 500e	363	3394	2	25
	总计	41680	204265		

资料来源:新能源汽车网,2015 年上半年全球电动汽车销量排行,笔者整理制表

3. 燃料电池电动汽车

燃料电池电动汽车同样不包括传统的内燃机发动机。和纯电动汽车相比,燃料电池电动汽车所需的电力来自本身携带的液氢和液氧,二者通过化学反应产生电能,之后通过电动机驱动汽车行走。因此燃料电池电动汽车不需要从外部充电,仅需要补充液氢和液氧。由于氢和氧反应的产物为水,因此燃料电池电动汽

车属于无污染汽车,且能量转换效率更高。从能源利用和环境保护方面来看,燃料电池电动汽车是汽车产业的长期发展方向。在采用燃料电池技术的车型中,目前已经商业量产的仅有丰田旗下的 Mirai。2015 年 Mirai 仅在日本开售,2016 年下半年才会进入欧美市场,续航里程为 480 千米,比绝大多数电动汽车要高。不过,市场上采用这种技术的车型并不多,这主要是因为大众对氢燃料的经济可行性与安全性还存在疑虑。

4.3 国内外电动汽车发展现状

近年来,随着各国发展过程中面临的资源与环境压力,电动汽车越来越成为各国重视的产业,美国、日本和德国等一些西方国家在电动汽车的发展上取得了很大成绩。"十二五"以来,中国政府也提出了节能和新能源汽车战略,并高度重视新能源汽车产业的发展,出台了一系列补贴和税收优惠政策,中国电动车产业在研发和生产方面都取得了长足进展。表 4-3 列举了 2012~2015 年国产电动汽车的销售情况,从中可以看出中国电动汽车产业的巨大进步。经过了这段时间的发展,中国在新能源汽车领域同西方国家的差距不断缩小,在某些方面还处于领先地位。

表 4-3 2012~2015 年国产电动汽车的销售情况 单位:辆

类型	车型	2015 年 1~8 月	2014 年累计	2013 年累计	2012 年累计
纯电动车	北汽 E 系列	8244	5534	1283	186
	众泰云 100	5938	2311		
	众泰 E20	5760	7341		2
	和悦 IEV	4586	2694	1162	1422
	奇瑞 QQ EV	4104	9096	5814	3138
	康迪熊猫	3654	8564	2619	
	比亚迪 e6	3457	3767	1544	1690
	eQ 电动车	3228	542		
	江铃 E100	1425			
	腾势	864	132		
	晨风	655	582		
	逸动	194			

类型	车型	2015 年 1~8 月	2014 年累计	2013 年累计	2012 年累计
纯电动车	荣威 E50	152	191	406	238
	绅宝	131	15	52	
	风神 E30	61			
	比亚迪 T3	28			
	赛欧	4	37		
	众泰 TT ev	3			
	瑞麟 M1		209	225	90
	朗悦		28	28	134
	众泰 2008		16	16	990
国产纯电动汽车汇总		42488	41059	14001	8503
插电式混合动力汽车	比亚迪 F30M			1005	1201
	比亚迪秦	24041	14704		
	比亚迪唐	2567			
	比亚迪宋	35			
	传祺 GA5EV	617	80		
	荣威 550PHEV	6078	2705		
插电混合动力汽车汇总		33338	17489	1005	1201
电动车汇总		75826	58548	15006	9704

资料来源：全国汽车市场研究会，笔者整理制表

4.3.1　国内电动汽车市场简况

全国汽车市场研究会提供的数据显示，近年来中国电动汽车行业增长十分迅速。从总量上看，国产电动汽车销量已经由 2012 年的 9704 辆快速增长到 2013 年的 15006 辆，同比增长了 54.6%，2014 年进一步迅速增长到 58548 辆，同比增长290.2%。2015 年前 8 个月累计销量已经达到 75826 辆，累计同比增长 143%。

从车型上来看，2012 年和 2013 年纯电动车占销售的电动汽车的主要部分，比亚迪公司生产的 F30M 贡献了全部的插电式混合动力汽车销量，占比分别为12.4% 和 6.7%，全国电动汽车市场以销售纯电动车为主。随着比亚迪秦 2013 年12 月上市，插电式混合动力电动汽车销售量开始迅速增长，2014 年和 2015 年前 8个月分别销售 17489 辆和 33338 辆，分别占同期全国国产电动汽车的 29.9%和 44.0%。

　　从电动汽车的生产企业来看,比亚迪、北汽新能源、奇瑞汽车、众泰汽车和吉利汽车等国内主要汽车生产企业均有数个纯电动车型或插电式混合动力车型在售。从2015年的销售数量上来看,在纯电动车领域各汽车生产厂商平分秋色。众泰集团的两款纯电动车E20和云100、北汽新能源的E系列、比亚迪的e6及奇瑞汽车的QQ电动与eQ电动,以及和悦IEV和康迪熊猫销量均超过3000辆,在全国纯电动汽车市场占有一定的市场份额。但在插电式混合动力领域,比亚迪凭借秦的销量占有绝对的优势地位,2015年新上市的唐则进一步巩固了比亚迪在该领域的领先优势。凭借两款车型,比亚迪占领的市场份额接近80%。上汽乘用车的荣威550在2015年1~8月的销量也达到6078辆,市场占有率约为18%。广汽传祺GA5EV销售情况则不容乐观,2014年全年销量仅为80辆,2015年前8个月也仅为617辆。

　　2015年7月9日,国务院总理李克强主持召开国务院常务会议,决定免征新能源汽车车辆购置税,自2014年9月1日至2017年年底,对获得许可在中国境内销售(包括进口)的纯电动以及符合条件的插电式(含增程式)混合动力、燃料电池三类新能源汽车,免征车辆购置税。

　　尽管从2014年以来,全国电动汽车的发展取得了不小的进步,但距离政府当初制定的目标仍有不小的距离。根据2012年发布的《节能与新能源汽车产业发展规划(2012—2020年)》,要求到2015年,纯电动汽车和插电式混合动力电动汽车累计产销量力争达到50万辆;到2020年,纯电动汽车和插电式混合动力电动汽车生产能力达200万辆、累计产销量超过500万辆,燃料电池电动汽车、车用氢能源产业与国际同步发展。

　　根据《电动汽车科技发展"十二五"专项规划》的预定目标,如果2015年纯电驱动汽车(不包括插电式混合动力电动汽车)销量要达到同类车型销量的1%,以此计算新能源汽车年销量就要达到25万辆(2015年全国汽车销量按2500万辆计算)。从现在的发展趋势来看,2015年,无论是纯电动车和插电式混合动力电动汽车累计产销要达到50万辆的目标,还是纯电驱动汽车要达到年销25万辆的目标,都难以完成。

　　2014年11月21日,工业和信息化部(简称工信部)网站发布的《新能源汽车推广应用示范城市(群)新能源汽车推广情况公示》显示,39个城市累计推广新能源汽车38616辆,相比其规划的335976辆目标,完成率仅为11.5%。其中,推广计划完成最好的城市为合肥,完成进度为72%,其次为浙江,完成进度为52%;完成进度为1%的城市(群)为淄博、泸州、内蒙古;完成进度为0的城市达到6个,分别为长春、哈尔滨、晋城、兰州、聊城、海口。

总的来看,近年来尤其是 2014 年以来,中国电动汽车(含纯电动汽车和插电式混合动力电动汽车)产业取得了快速发展,涌现出了以比亚迪秦、北汽 E 系列、众泰 E20 和云 100 等一批代表性车型,并取得了不错的销量。尽管增长十分迅速,但距离国家当初制定的新能源汽车发展目标仍有不小的距离,仍有很大的发展空间。

4.3.2 国内电动汽车发展政策

目前国内电动汽车发展政策主要有两种:一种是各级政府针对新能源汽车制定的统一政策;另一种是专门针对电动汽车(包括插电式混合动力电动汽车和纯电动汽车)及相关产业制定的政策。

自《节能与新能源汽车产业发展规划(2012—2020 年)》发布以来,为鼓励新能源汽车发展,各级政府出台了一系列政策,尤其是 2014 年以来,国家及地方关于新能源汽车的优惠政策频频出台,据不完全统计,截止到 2014 年 12 月,国家及地方共出台新能源汽车相关政策 152 项,其中国家出台 17 项,北京、上海等地出台 135 项。2015 年前 5 个月,国家及地方共出台新能源汽车相关政策 43 项,其中国家出台 6 项,地方出台 37 项。其中比较重要的有《关于继续开展新能源汽车推广应用工作的通知》(财建〔2013〕551 号)、《关于进一步做好新能源汽车推广应用工作的通知》(财建〔2014〕11 号)、《国务院办公厅关于印发能源发展战略行动计划(2014—2020 年)的通知》及《关于免征新能源汽车车辆购置税的公告》等,并先后公布了三个批次的《免征车辆购置税的新能源汽车车型目录》,同时在《大气污染防治行动计划》、《能源发展战略行动计划(2014—2020 年)》等文件中也明确提到了促进新能源汽车发展的相关政策。根据中央有关文件精神,各地政府也纷纷出台相关政策,促进新能源汽车产业快速发展。

2014 年 7 月,中国国务院发布《国务院办公厅关于加快新能源汽车推广应用的指导意见》(国办发〔2014〕35 号),对充电设施建设、财政税收政策支持、政府采购、准入政策等提出指导方向,助推新能源汽车商业化、市场化进程提速。其中更是明确提出废除地方保护,各地区执行全国统一的新能源汽车和充电设施国家标准、行业标准,执行全国统一的新能源汽车推广目录,进一步加强新能源汽车市场监管。此前在新能源汽车领域,地方保护主义盛行,尤其是出台了新能源汽车地方目录的北京和上海两地。事实上,直到 2015 年 1 月,北京市政府制定的新能源汽车目录才宣告废止。

根据政府发布的一系列文件,现有的新能源汽车补贴政策大体分为国家补贴和地方政府补贴两种。2013 年 9 月,为加快中国新能源汽车产业的发展,国家有关部门出台了《关于继续开展新能源汽车推广应用工作的通知》(财建〔2013〕551号),规定在2013~2015年继续对消费者购买新能源汽车给予补贴,补贴范围包括符合一定要求的插电式混合动力电动汽车、纯电动汽车和燃料电池电动汽车等,相应的补贴标准见表4-4。

表4-4　2013～2014年新能源汽车国家补贴标准　　　单位:万元/辆

车辆类型	纯电续驶里程 R(工况)			
	80千米≤R<150千米	150千米≤R<250千米	R≥250千米	R≥50千米
纯电动乘用车(2013年)	3.50	5.00	6.00	—
纯电动乘用车(2014年)	3.325	4.75	5.70	—
包括增程式在内的插电式混合动力乘用车(2013年)	—	—	—	3.50
包括增程式在内的插电式混合动力乘用车(2014年)	—	—	—	3.325

　　考虑到规模效应、技术进步等因素,按照2014年2月国家发布的通知,2014年在2013年补贴标准的基础上下降5%,2015年在2013年补贴标准的基础上下降10%。2015年4月29日,财政部、科学技术部、工信部、国家发改委四部委联合发布《关于2016—2020年新能源汽车推广应用财政支持政策的通知》(财建〔2015〕134号),规定2016年,纯电动乘用车,根据续驶里程,补助为每辆2.5万元至5.5万元;纯电动客车补助为每辆12万元至50万元。2017~2018年补助标准在2016年基础上下降20%,2019~2020年补助标准在2016年基础上下降40%。

　　地方政府制定的补贴政策以北京、上海等地的比较有代表性。2014年1月,北京市政府出台了《北京市示范应用新能源小客车管理办法》(京科发〔2014〕46号),规定北京补贴和国家补贴的比例标准为1∶1,单补贴总额最高不能超过车辆售价的60%,除此之外,符合一定条件的新能源车在车辆号牌登记方面也享有一定的政策照顾。

　　早在2012年上海市政府就出台了《上海市鼓励私人购买和使用新能源汽车试点实施暂行办法》,规定插电式混合动力乘用车和纯电动乘用车可分别获得3万元/辆和4万元/辆的补贴,此外还可以享受新能源车专用的牌照,这大大降低了新能源车的整体使用成本。

4.3.3 国外电动汽车市场及技术水平

1. 美国电动汽车的现状及发展①

美国电动汽车市场是世界上规模最大的电动汽车市场之一。2011年美国电动车销售17724辆,2012年迅速增长到70958辆,同比增长了300%,2013年又进一步增长到185488辆,同比增长161%。2014年美国电动汽车销量为283389辆,进一步保持快速增长。截止到2015年3月,美国市场电动汽车累计销售量达到303665辆。

从销售的电动汽车类型上来看,最开始以销售插电式混合动力电动汽车为主,随着日产聆风和特斯拉等纯电动车型的热销,纯电动汽车和插电式混合动力电动汽车开始平分秋色,目前的市场占有率基本上是各占一半。插电式混合动力电动汽车中,雪佛兰Volt销量长期保持稳定增长的趋势,但近年来丰田普锐斯和福特Fusion等车型销量也在不断增长,雪佛兰Volt的市场占有率逐渐降低。2013年以前,纯电动车以日产聆风为主,2013年特斯拉销量开始迅速增长,有逐渐赶超日产聆风的趋势。表4-2的统计数据显示,2015年6月特斯拉当月全球销量已经超过日产聆风,首次位居第一位。

美国电动汽车的发展历史同时也是美国整个汽车行业节能减排的一个侧面写照。从20世纪40年代开始,随着美国汽车数量逐年增长,与环境污染相关的社会问题也日益严重。也正是从这一时期开始,洛杉矶光化学烟雾事件等造成严重影响的大气污染事件开始引发人们的注意。当时有机构的报告指出,汽车尾气排放有可能导致头痛、肺癌、肺气肿等疾病,并会对呼吸道、心血管系统造成伤害,同时对新生儿的身体健康也有一定的影响。进一步的,汽车尾气排放会影响到大气结构进而对天气变化造成一定的影响,由此导致的酸雨问题对植物生长及暴露在室外的橡胶制品、纺织品等有一定的腐蚀作用。但是,随着经济水平的进一步发展,美国汽车保有量仍快速增加,而相应的治理手段和措施并未跟上这个节奏。

20世纪60年代,由机动车导致的空气污染开始引发公众讨论,政府意识到,机动车尾气造成的大气污染已经成为全国性的问题,并开始颁布一系列法律法规。其中1963年的《清洁空气法案》是这一时期开始颁布实施的最有影响力的法律法规之一。具体而言,该法案针对各州之间的污染问题赋予政府一定的执行权力。1965~1970年,政府还进一步颁布实施了若干个与空气污染相关的法律法

---

① 美国KerenOr咨询公司Karen Fierst发表在《汽车维修和保养》上的《美国电动汽车的现状及发展》。

规，其中包括 1965 年实施的《机动车空气污染法》，也正是《机动车空气污染法》首先提出了新出厂汽车的强制性排放标准。该法律对 1968 年及以后生产的所有车辆提出了国家性排放标准要求。1970 年的《清洁空气法修正案》对汽车排放做出更高要求，同时授权美国国家环境保护局（Environmental Protection Agency，EPA），对新车及其他机动车等涉及人类健康的污染物排放源设定了严格的排放标准。为了满足联邦政府及地方政府制定的一系列排放方面的法律法规的要求，各大汽车制造商不得不加大节能减排方面的研发投入，其中取得的一项突破是 1973 年开始出现的尾气催化转换器装置。这一装置可以显著降低汽车尾气中污染物的含量。到了 1975 年，大部分新生产的汽车都开始安装这一装置。

除了对尾气排放进行限制之外，美国政府还通过一系列措施提高汽车的燃油效率，通过降低燃油消耗从源头上降低尾气排放。1975 年，美国政府制定了一项被称为《公司平均燃油经济效率》的法规，并在制定之后的 40 多年多次针对实际情况进行修订，并针对性地制定了强制执行的时间进度表，以促使汽车生产商提高新生产汽车的燃油效率，降低燃油消耗，它要求汽车制造商每年都要提高下线新车的燃油经济性指标。该法规分别针对乘用车和轻型卡车制定了提升的目标，要求乘用车十年之内的燃油经济性提高一倍，到 1985 年达到约合每 100 千米 8.56 升的水平，这在当时已经属于比较先进的标准。这要求各大汽车生产厂商研发热效率更高的发动机，以及生产更加轻量化的车型，以满足这个标准的要求。

《公司平均燃油经济效率》在之后有多次更新，不断对汽车生产厂商提出新的要求。最近的一次是 2009 年，在奥巴马加速提高燃油经济性指标的鼓励下，法律进行了最新修订。最新标准适用于 2012~2016 年当年生产的各类车型。新标准要求，到 2016 年各家汽车公司生产的所有车型，其公司平均燃油经济性必须达到约合每 100 千米 6.6 升的效率水平。这一政策在美国汽车行业引发了很大争议，但无法否认这一政策的提出，会给汽车生产厂商新的压力，促使其加大投入研发新技术，向新的目标看齐。而从另一个角度来讲，这一政策促进了电动汽车的快速发展。汽车厂商通过研发混合动力电动汽车、纯电动车等方式满足新的要求。

美国市场最早出现的现代意义上的电动汽车来自通用汽车公司。通用汽车公司于 1996 年推出了一款双座插电式乘用车——EV1（图 4-1），新车型一推出，就引发了人们的广泛关注，其外形设计和新的动力方式都成为其亮点。通用汽车公司对 EV1 的定位是上班族通勤，因此该车型被设计成双座型轿车，且一次充电的续航里程较低，不能满足家庭用车的要求。

通用汽车公司在 1996~2004 年以租售的形式向市场投放了 1000 辆 EV1 电动汽车，直到丰田普锐斯的出现。日本丰田公司从 2003 年开始向美国市场推出

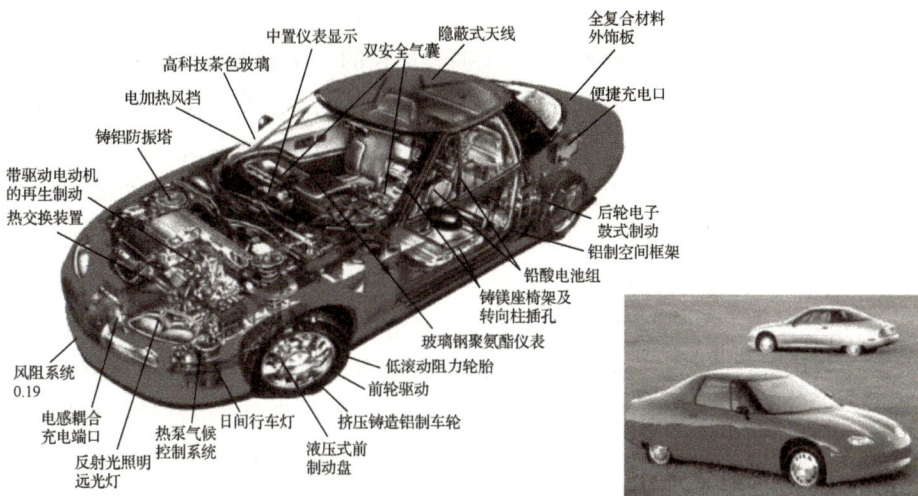

全复合材料
外饰板
便捷充电口
隐蔽式天线
双安全气囊
中置仪表显示
高科技茶色玻璃
电加热风挡
铸铝防振塔
带驱动电动机
的再生制动
热交换装置
后轮电子
鼓式制动
铝制空间框架
铅酸电池组
铸镁座椅架及
转向柱插孔
玻璃钢聚氨酯仪表
低滚动阻力轮胎
前轮驱动
挤压铸造铝制车轮
液压式前
制动盘
风阻系统
0.19
电感耦合
充电端口
热泵气候
控制系统
日间行车灯
反射光照明
远光灯

图 4-1　美国通用汽车公司生产的 EV1 电动汽车

资料来源：美国 KerenOr 咨询公司 Karen Fierst 发表在《汽车维修和保养》上的
《美国电动汽车的现状及发展》

其研发的普锐斯混合动力车型。这一车型采取混合动力驱动的模式,通过传统的内燃机和电动机相结合,不但能够解决此前电动汽车一次充电续航里程不够的问题,而且大大降低了汽车的燃油消耗水平。普锐斯推出后取得了很大的成功,带动了混合动力电动汽车在美国市场的整体销量,也导致这一时期美国混合动力电动汽车的市场中,混合动力电动汽车的占比相对于纯电动汽车有更明显的优势。

2003 年是丰田普锐斯开始在美国市场销售的一年,也正是从这一年开始,一家名叫"特斯拉"的公司在美国加利福尼亚州的硅谷地区正式成立。当时没有人意识到,这家新成立的汽车公司将会在电动汽车领域推出革命性的产品,甚至引领着整个电动汽车发展的潮流。2008 年特斯拉开始交付第一款车型 Roadster,但由于成本过高,新车型并未取得很好的销售成绩,公司经营也陷入了困境。2009 年,特斯拉成功获得美国能源部 4.65 亿美元的低息贷款,同时于 2010 年 6 月上市。之后特斯拉不负众望,推出了以 Model S 为代表的电动汽车,开始引领电动汽车的发展。

根据特斯拉官方数据,2015 年全年公司累计销量为 50580 辆,同比增长 60％,并开始销售新的车型 Model X。从市场表现上来看,相比另一家专注于电动汽车技术研发的公司——以色列的 Better Place,特斯拉的策略无疑取得了很大的成功。

Better Place 采取了同特斯拉不一样的发展策略。针对大家最关注的纯电动汽车的动力问题,特斯拉采取的解决方式是研发容量更大的电池,以及电池增压充电系统。容量更大的电池使电动汽车拥有更长的一次充电续航里程,同时通过增压充电系统解决快速充电的问题。而 Better Place 公司则采取了快速换电的解决方案,即通过专门设置的换电站,将电量耗尽的电池换成电量充足的电池,以此来解决纯电动汽车的续航问题。相比于特斯拉在商业上取得的成功,2013 年 5 月运营仅 7 年的 Better Place 公司以损失约 8.12 亿美元,仅在以色列本土售出 500 辆电动汽车的成绩宣告破产。

特斯拉研发的增压充电技术可以在 20 分钟内,将电池电量达到总电量的 50%。同时通过建立核心城市的超级充电站、遍布大型商业地产的快速充电车位以及家庭车库的慢速充电桩三级充电体系,逐渐克服消费者对电池续航里程的担心。官网数据显示,截止到 2015 年上半年,特斯拉已经在全球兴建了 500 座超级充电站,2816 台超级充电桩。超级充电桩充电 30 分钟即可提供行驶 270 千米里程所需的电量。

特斯拉选用的是松下公司生产的型号为 NCR18650 的钴酸锂离子电池,这也是最早用在电动汽车上的钴酸锂电池。钴酸锂电池比磷酸铁锂电池的能量密度更高,且技术相对较为成熟,笔记本电脑中的电池即为钴酸锂电池。松下公司为特斯拉电动汽车生产的 NCR18650 锂电池,额定电压 2.6 伏,重量 45.5 克。随着技术的进步,电池的容量也在不断提升。有资料显示,相对于第一代车型 Roadster 上采用的 18650 电池,第二代特斯拉车型 Model S 上采用的新一代 18650 电池能量密度要高出 30%。85 千瓦时版本的特斯拉 Model S 一共运用了 8142 个 18650 锂电池单元,然后以特定的组合方式将这些电池以砖、片逐一平均分配最终组成一个位于车身底板的电池包整体,并通过特斯拉研制的电池检测控制技术加以控制,以保证电池能达到额定的输出功率,同时检测电池温度以保证安全。

松下公司生产的 18650 型电池产量很大,每年生产数十亿个,尽管由于安全性逊色于磷酸铁锂电池和镍钴锰酸锂电池,但安全性能不断提升,较大的产量能显著降低电池的生产成本。通过将多个电池组成电池包的组合方式也可以显著降低故障率,当某个电池发生故障时不会对整体性能产生严重影响。且钴酸锂电池在比能量方面具有优势,可以充分挖掘电动汽车的行驶里程。这些因素都成为特斯拉选中该型号电池的理由。

由于钴酸锂电池温度较高时稳定性较低,因此若汽车电池组较大且组内温度梯度控制得不好,很容易导致温度过高而起火。特斯拉以其优良的电池管理系统解决了这一问题。通过将电池包内的保险装置分布到每一节 18650 钴酸锂电池,即每一节 18650 钴酸锂电池两端均设有保险丝,当电池出现过热或电流过大时,

保险丝会及时切断,这样就会避免因某个电池出现异常而影响到整体电池包。除此之外,电池管理系统还为每个电池砖设定了保险装置,这些都为汽车电池包整体的安全性提供了保证。特斯拉的电池片与电池片之间还设有防火墙,在意外事故发生时火势可以得到控制。

从某种角度来说,电池管理系统的正常工作是维持特斯拉先进性能的关键因素。特斯拉的电池管理系统通过每个电池片里面的监测装置来实时监控电池片里每一个电池砖的电流、电压、温度及相对位置等信息,并针对出现的情况实时做出调整,保证整个电池包顺利工作及电动车的顺利运行。

值得注意的是,换电技术也成了特斯拉关注的热点。不同于之前的态度,以色列 Better Place 公司破产不久,特斯拉就高调演示换电技术,以引起公众的注意并讨论该技术的可行性。这项技术也可以为特斯拉带来新的增长点。根据特斯拉的演示,完全更换电动汽车上的电池包用时约 90 秒,不仅比之前充电的用时要短,甚至还小于加油的时间。换一次电池的费用为 60 美元至 80 美元,与加满一箱汽油类似。用户还可以继续使用换上的电池,换电站根据换下来电池的使用情况收取一定的费用,还可以将原配电池邮寄回家。

这可能与特斯拉产业布局开始向储能领域发展有关系。当前世界上的绝大多数储能都集中在工业领域,商用和居民领域的储能占比很少,特斯拉正是瞄准了这一市场。2015 年,特斯拉发布了新的品牌 Tesla Energy 和两款储能电池。这种储能电池是可充放式的锂电池,家用的电池提供 10 千瓦时和 7 千瓦时两种版本。安装了这种储能电池之后,一方面可以用来降低电网的负载,遇到紧急情况时作为备用电源。另一方面如果配合屋顶的太阳能发电设备,则可以在家庭内部构成一个独立的电网系统,白天通过太阳能发电满足家庭日常的电力需求,多余的电力储存到 Powerwall 储能电池中,以供晚上及天气情况不好,即太阳能无法供电时使用。多余的电力也可以出售给电网系统,获得一定的利润。

从市场的反应来看,特斯拉公司公布的数据显示,截止到 2016 年上半年其产量已经提前售完,累计共预订出了近 4 万个电池组,说明市场对特斯拉这款电池的接受程度比较乐观。7 千瓦时版本的 Powerwall 售价约为 3000 美元,10 千瓦时版本售价增加至 3500 美元。同时用户还需要为安装相应的逆变设备付出一定的成本。尽管业界针对特斯拉还存在一些争议,如在制造回收再利用及销毁电池的过程中减少对环境的破坏,以及突破电池现存的能效瓶颈并且降低电池的制造成本。但特斯拉在发展理念、电池管理技术和国际合作等方面仍有很多方面值得学习。

2. 日本电动汽车的现状和发展

日本是世界上最早开始研发电动汽车的国家之一，并且取得了不错的成绩。这在一定程度上跟日本资源匮乏有关，尤其是石油资源，日本所需的石油资源几乎全部依赖进口，在能源安全尤其是石油安全领域有着天然的不安全感，这在一定程度上也促使日本政府支持和鼓励电动汽车研发，以摆脱对石油资源的依赖。实际上，日本的电动汽车产业也取得了很大的成功。丰田公司的普锐斯、日产公司的聆风等型号都成为世界上销量最大的电动汽车销售型号，在市场上都取得了一定的成功。

从国家层面上，日本政府对电动汽车进行鼓励和支持的文献最早开始于1965年，紧接着于1971年制定了日本《电动汽车开发计划》，对电动汽车的性能指标与技术标准提出了一系列的要求和指导。计划取得了一定的进展，但由于当时的经济发展水平和技术限制，尚未达到普及电动汽车的程度。1988年，日本通产省制订了"月光计划"，在电动汽车所使用的新型蓄电池方面开展研究。统计数据显示，1991年3月日本电动汽车保有量约1000辆。1991年11月，日本政府制订了《第三次电动汽车普及计划》，提出了到2000年日本电动汽车保有量达到20万辆，年产量达到10万辆的目标。从当年年初的汽车保有量来看，这一计划无疑是充满雄心壮志的。

在政府的推动下，日本汽车生产厂商在电动汽车领域取得了一系列成绩。日产聆风、丰田普锐斯分别是纯电动汽车和插电式混合动力电动汽车领域最有代表性的车型之一，且销量在全球都处于十分领先的地位。中国、美国和日本均是世界上电动汽车销量很大的国家。不同于美国，在日本本土销售的电动汽车，主要以日产、丰田和三菱等本土车型为主，这也同日本传统汽车产业比较类似。有机构预测，2015年美国、日本和中国电动汽车销量将分别达到29万辆、10.8万辆和8.3万辆。

同时日本也是世界上最早实现电动车产业化的国家。丰田公司的普锐斯是世界上最早批量生产并在商业上取得成功的新能源汽车之一。数据显示，截至2008年年底，丰田推出的混合动力电动汽车普锐斯在世界44个国家和地区累计销售约120万辆。此外，日产公司也是世界上主要的电动汽车生产厂商之一。日产公司首次尝试用锂离子蓄电池作为电动汽车动力来源，并将其应用在1997年推出的Prairie Joy型号电动汽车上，紧接着在1998年推出了R'nessa和Altra型号的电动汽车，此后又在2000年推出了超紧凑型电动车Hyper Mini。2005年日产公司推出的Pivo电动汽车是世界上首款装备了增程式锂离子电池的电动汽车，此后又紧着提供了一次充电行驶里程有效延长的版本 Pivo2。

三菱汽车 2015 年 1 月销售了 1018 辆插电式汽车,其中大部分是欧蓝德插电式混合动力电动汽车,共销售 830 辆,而 MiEV 电动汽车车系总共才售出 188 辆。与 2014 年同期相比,欧蓝德插电式混合动力电动汽车的销量下降了 36%,MiEV 纯电动车系尽管售出数量少,但是比上年的情形好得多,同比增加 53%,趋势向好。整体上看,欧蓝德插电式混合动力电动汽车上市两年,销量已经突破 20000 辆大关,MiEV 纯电动车系自 2009 年上市以来销量仅 17000 辆有余,这也是三菱目前将重心放在插电式混合动力车型上的原因(图 4-2)。

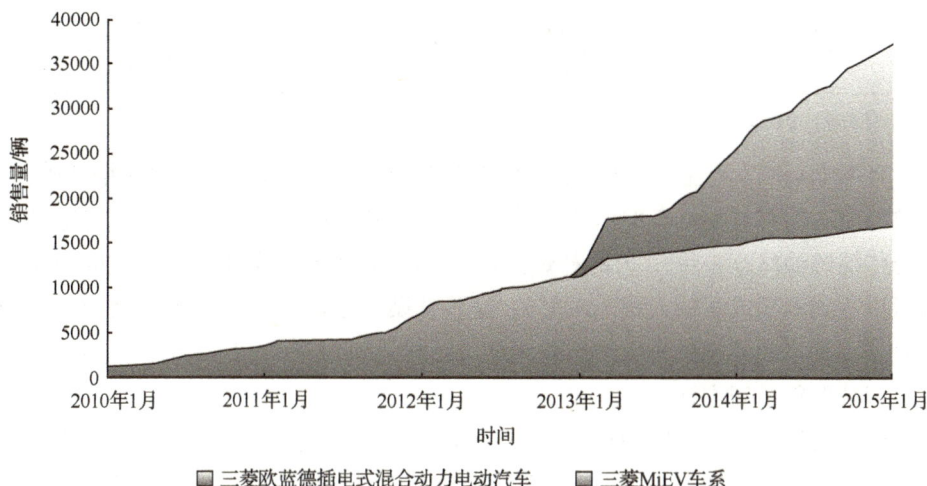

图 4-2 三菱插电式汽车在日本本土累计销售量统计

资料来源:第一电动网,http://www.d1ev.com/

日本电动车的优势,除了节油技术先进外,还有先进的电池生产技术。主流电动汽车采用的镍氢电池、锂离子电池方面,日本很多技术均处于全球领先地位。正如前文所述,特斯拉采用的即为松下公司生产的锂离子电池。丰田普锐斯此前曾大量采用松下生产的镍氢电池,未来也可能改为使用锂离子电池。

此前中国储能网的截止到 2015 年 7 月的统计数据显示,世界排名前十的锂离子电池生产商中,前六位均为日本企业,分别为 Sanyo(三洋)、Sony(索尼)、MBI(松下)、Maxell(麦克赛尔)、SGS(日本 GS 汤浅)、NEC(日本电气)。第七、第八分别是韩国三星旗下的 SDI 和韩国 LG 旗下的 LGC。比亚迪和天津力神电池分别位列第九位和第十位(表 4-5)。特斯拉 Model S 和丰田普锐斯采用的是松下的电池,比亚迪秦采用比亚迪研发的磷酸铁锂电池,雪佛兰沃蓝达 Volt 采用的是 LGC 生产的三元锂电池,日产聆风则采用的是由日产与 NEC、NEC 东金共同出资组建的 AESC 生产的锰酸锂电池。日本在锂电池领域的技术实力可见一斑（国信证券,2015）。

表 4-5　全球前 10 位锂电池厂商排名

排名	厂商	母公司	产品	排名	厂商	母公司	产品
1	Sanyo	日本三洋	高能量/功率锂离子电池	6	NEC	日本电气	高能量电池
2	Sony	日本索尼	高能量/功率锂离子电池	7	SDI	韩国三星	高能量/功率锂离子电池
3	MBI	日本松下	高能量/功率锂离子电池	8	LGC	韩国 LG	高能量/功率锂离子电池
4	Maxell	日本麦克赛尔	高能量电池	9	BYD	中国比亚迪	高能量电池
5	SGS	日本 GS 汤浅	高能量电池	10	Lishen	中国天津力神	高能量电池

资料来源：中国储能网,笔者整理制表

日本电动汽车产业取得的成就,离不开政府的政策支持。从 1996 年开始,日本政府就对购买电动汽车的消费者进行补贴,消费者最高可以相当于获得电动汽车与传统燃油汽车差价 50％ 的补贴。1998 年针对地方政府和私人企业的补贴最高可以达到车辆成本的 50％ 和 25％。这些补贴措施极大地促进了电动汽车产业的发展。日本的各大汽车生产厂商相继广泛投入资源进行相关领域的研发,并在多个领域取得了领先地位。

除了直接的政府补贴,日本政府在税收方面也进行了很多规定,以促进新能源汽车的推广。1999 年 5 月,日本在运输政策审议会报告中提出汽车税制绿色化（绿色税制）。该税制对首次注册后超过 11 年的柴油车及超过 13 年的汽油车增税 10％,而对低公害汽车、低排放、低燃耗车的税收,最大可减免 50％。低公害汽车开发普及行动计划税制上的优惠政策见表 4-6。

表 4-6　导入低公害车税制上的优惠措施

补助制度	对象车型					对象者/补助内容
	FCV[1]	EV	CNG[2]	HV[3]	其他	
低公害汽车减税 （汽车税绿色化）	•		•		•	如果在 2006 年度、2007 年度购买低公害车,则对购买年度的下一年度汽车税减轻一年
减轻汽车取得税	•	•	•	•		购买 FCV、EV、CNG、HV 车,减免汽车取得税
汽车取得课税标准的特例措施					•	购买低燃耗低排放认定车[含液化石油气（liquefied petroleum gas, LPG）车],从购买额中减免部分税额

补助制度	对象车型					对象者/补助内容
	FCV[1]	EV	CNG[2]	HV[3]	其他	
减轻柴油车的汽车取得税					•	购买符合新长期规制且满足以2015年度为目标的燃耗基准达标车时,汽车取得税减税
减轻符合"汽车Nox、PM法"排放标准汽车税					•	报废不符合《汽车Nox、PM法》排放标准的货车、巴士等并购买符合车辆时减免汽车取得税
所得税、法人税优惠	•		•	•		与购买低公害车及燃料供给设备相关的特别折旧或税款减免
固定资产税特例措施(低公害车燃料供给设备)						原装燃料供给设备相关的固定资产税计征标准的例外措施
固定资产税特例措施(越野车)					•	与符合排放规制的特定汽车相关的固定资产税例外措施

注:"•"表示该车型享受此种补助

1) FCV,fuel cell vehicle,即燃料电池汽车

2) CNG,compressed natural gas,即压缩天然气

3) HV,hybrid vehicle,即混合动力汽车

为早日实现低碳社会,日本政府从2009年4月起,针对新购置电动车推出了机动吨位税、机动车购置税的免税措施,并对购置二手电动车实行减税政策,具体减税幅度见表4-7。

表4-7 日本二手清洁能源车购置税政策

对象		要求	减税率/%
电动汽车(含燃料电池电动汽车)			2.7
插电式混合动力电动汽车			2.4
混合动力乘用车			1.6
混合动力汽车(货车、客车)	车辆总重量3.5吨以下	比2005年排放限值减少75%且达到2010年度油耗标准25%以上水平的汽车	2.7
	车辆总重量超过3.5吨	NO_x或PM比2005年排放限值减少10%且达到2015年度油耗标准的汽车	2.7
天然气汽车	车辆总重量3.5吨以下	比2005年排放限值减少75%的汽车	2.7
	车辆总重量超过3.5吨	NO_x比2005年排放限值减少10%的汽车	2.7

资料来源:日本汽车工业协会

4.4 电动汽车产业发展前景展望及政策建议

数据显示,2014 年,新能源汽车产销量分别为 7.85 万辆和 7.48 万辆,同比增长 3.5 倍和 3.2 倍。2015 年,新能源汽车依然强势增长。工信部数据显示,中国 2015 年累计生产新能源汽车 37.90 万辆,同比增长 4 倍。其中,纯电动乘用车生产 14.28 万辆,同比增长 3 倍,插电式混合动力乘用车生产 6.36 万辆,同比增长 3 倍;纯电动商用车生产 14.79 万辆,同比增长 8 倍,插电式混合动力商用车生产 2.46 万辆,同比增长 79%。2009 年到 2015 年中国累计生产新能源汽车 49.7 万辆,在全球新能源汽车销量中占比超过 30%。而 2015 年美国新能源汽车销售 12.304 万台,累计销售 40 万辆左右。无论是单年量还是累计量,中国均排名全球第一。

这与政府在政策角度的推广是分不开的。从中国及美国、日本和欧洲一些国家(地区)的经验来看,目前电动汽车产业仍处于由政策驱动向市场驱动的转型阶段,各个国家都在制定一系列的政策法规倒逼传统汽车产业转型升级,这在很大程度上促进了电动汽车产业的发展。从 2016 年 1 月 1 日开始,GB 19578—2014《乘用车燃料消耗量限值》和 GB 27999—2014《乘用车燃料消耗量评价方法及指标》两项强制性国家标准正式实施。为落实《节能与新能源汽车产业发展规划(2012—2020 年)》的要求,实现 2020 年国产乘用车平均油耗降至 5.0 升每 100 千米的规划目标,第四阶段标准将进一步加严单车燃料消耗量限值和企业平均目标值要求,对单车和企业同时进行考核,被业界认为是史上最严苛的油耗法规。其他国家也正在以不同的标准要求汽车产业降低能耗,推动产业升级。

2015 年国家继续推广新能源汽车的发展,《国家重点研发计划新能源汽车重点专项实施方案(征求意见稿)》等一系列方案相继出台。2015 年 5 月国务院发布《中国制造 2025》,提出到 2025 年,新能源汽车产销量达到 300 万辆的目标。配套设施方面,充电桩建设方面的预研取得了一定进展,《电动汽车充电设施发展指南(2015—2020)》也即将落地,这意味着充电设施建设的国家补贴标准将会明确,地方政府的配套补贴也将逐渐明确,届时将会在很大程度上促进充电设备的发展,而充电设备的完善又将对电动汽车发展将起到良好的推动作用。除此之外,储能电池方面的技术进步也同电动汽车产业发展有着密切的关系,这些都是从长远来看要关注的要点问题。

4.4.1　发展低成本高安全性的大容量电池

电池技术的进步与电动汽车的发展关系密切。电动汽车刚刚出现的时候,受蓄电池容量的限制,电动汽车行驶里程同传统的内燃机汽车相比有很大差距,这也成了人们对电动汽车最大的质疑之一,很大程度上限制了电动汽车的发展。例如,通用汽车公司 EV1 电动汽车,一次充电行驶里程的限制使其仅仅能够用做上班通勤,不能满足更广泛的家庭使用需求。

随着技术的不断发展,目前电池技术已经取得了很大的进步,各大电池巨头,如松下、AESC 和 LG 化学等电池生产厂商也纷纷聚焦车用锂电池技术,争夺这一充满前景的巨大市场。特斯拉同松下的合作已经取得了很大成绩,一定程度上来讲,松下的锂电池也很好地保障了特斯拉的发展。特斯拉还将同松下公司合作建设世界上最大的锂离子电池生产工厂。

得益于同特斯拉的合作,松下的电池产业迅速发展。统计数据显示,2010～2012 年,松下向特斯拉提供了约 2 亿块电池。2014 年,松下同特斯拉签订了合作协议,双方将在美国内华达州建设巨型锂离子电池工厂。该工厂将成为全球同一领域最大的电池工厂,为特斯拉的电动汽车生产电池,并生产特定的储能电池。松下的研究方向为锰酸锂掺杂镍、铝等元素的固溶体系正极材料,目前已经开发的有镍钴锰酸锂、镍钴铝酸锂等。

AESC 的第二代锂电池主要也以锰酸锂为正极材料,能量密度约为 157 瓦时/千克,第三、第四代将会增加一些三元材料来增加能量密度,2015 年,AESC 已经明确的第三代电池能量密度目标为 180 瓦时/千克,第四代将在 200 瓦时/千克以上,同时价格在 2017 年控制在 200 美元/千瓦时以内。AESC 是由 NEC、NEC 东金和日产公司出资成立的专门生产车载锂电池的合资公司,自 2010 年以来生产锂离子电池,配套超过 9 万辆电动汽车,主要是日产聆风。随着日产聆风市场占有率逐渐下滑,日产公司有可能为 2017 年上市的第二代聆风选择续航行驶里程更长的电池,电池合作厂商将可能成为 LGC。

LGC 以锰系为主发展三元材料。2015 年的资料显示,LGC 研发的新型电动汽车电池组,能够使汽车续驶里程达到约 480 千米,电池能量在 80～120 千瓦时。当前 LGC 的客户主要有雪佛兰 Volt、雷诺 Zoe、福特福克斯电动车以及沃尔沃 V60 和 XC90T8 电动车。也有报道称 LGC 的新型电池有望在 2017 年款雪佛兰 Bolt、奥迪 Q6E-Tron 和保时捷车型上配置。目前全球 20 个主要汽车品牌中,德国大众、奥迪、戴姆勒,美国通用汽车、福特,法国雷诺和韩国的现代等品牌都是 LGC 的客户,中国国内上汽、中国一汽、东风柳汽、长安和观致 5 家自主品牌车企也是 LGC 的合作伙伴(宋永华,2011)。

随着电池巨头的互相竞争、加大技术研发打造新一代动力电池以及产能进一步扩张,容量更高、成本更低且安全性更好的电池将推动电动汽车行业快速发展。电池容量决定了单次充电之后电动车能够行驶的里程。中国相关的标准也已经出台。根据《节能与新能源汽车产业发展规划(2012—2020 年)》的要求,到 2015 年纯电动乘用车、插电式混合动力乘用车最高车速不低于 100 千米/小时,纯电驱动模式下综合工况续驶里程分别不低于 150 千米和 50 千米;动力电池模块比能量达到 150 瓦时/千克以上,成本降至 2 元/瓦时以下,循环使用寿命稳定达到 2000 次或 10 年以上;电驱动系统功率密度达到 2.5 千瓦/千克以上,成本降至 200 元/千瓦以下。到 2020 年,动力电池模块比能量达到 300 瓦时/千克以上,成本降至 1.5 元/瓦时以下。随着新材料、新技术的不断应用,未来动力电池的性能将会进一步提升,为电动汽车发展提供充足持久的动力来源。

4.4.2 充电站建设需统一标准

人们对电动汽车使用的担忧不仅仅是电池的容量及可靠性,充足的充电站数量及方便快捷的充电体验也是人们的担忧之一。随着近年来可充电电池性能的不断进步,一次充电可行驶里程已经有了长足的进步。2015 年 11 月,特斯拉宣布已经可以实现单次充电行驶 800 千米。在这个背景下,充电站建设开始逐渐引起人们的广泛关注。因为当电动汽车的一次充电可行驶里程达到一定水平之后,如果可以实现像在现在的加油站加油一样方便,那么人们使用电动汽车便不会再有那么多的顾虑。但这会带来一个新的问题,即充电站跟车型是否能够实现像加油站加油一样匹配呢?如果遇到的充电站和自己车型不能匹配,仍然解决不了电动汽车消费者最关心的充电问题。而相对于汽油车,统一的充电标准似乎是电动汽车的天生软肋(邓文君和陈瑜,2015)。

从目前的技术来看,电动车的充电有交流充电和直流充电两种方式,两者在电流、电压等技术参数上都有较大差距。前者充电效率较低,而后者充电效率较高。一般意义上的"慢充"用的基本是交流充电,而"快充"多数用的是直流充电。因为有两种不同的充电方式,一套充电标准体系就要分别针对两种充电方式制定相应标准。世界范围内,各个地区大多都建立了自己的一套充电标准体系,从充电接口的物理形式,到背后的各种技术参数,都有所不同。而特斯拉的强势崛起,更是独立于各国标准之外,建立了一套自己的标准。

目前,北美、欧洲、日本、中国都有一套充电接口标准体系,在接口的物理形状上就有所差异,这一点就好像中国和欧洲有不同形状的插座。从交流充电的物理接口形状上,美国和日本都是"五口",即五个口,欧洲和中国是"七口"。但是四套标准体系的直流充电接口,物理形状都不相同(表4-8)。

表4-8 充电连接标准比较表

充电连接标准	推行地区	适用车品牌	规格特征	优点	缺点
Combo	欧洲	奥迪、宝马、克莱斯勒、戴姆勒、福特、通用汽车、保时捷及大众	根据SAEJ1772修订草案,是目前全球唯一通过的直流充电标准	既能提供交流充电,也能通过直流充电。两种充电方式的充电速度不同	快充模式下需要充电站提供最高500伏电压和200安电流
CHAdeMO	日本	日产、三菱、本田、马自达以及雪铁龙和标致部分车型	根据电池状态计算充电所需电流	采用控制器局域网络(controller area network,CAN)总线(bus)作为通信接口,抗噪性优越且检错能力高,通信稳定性、可靠性高	连接器较为笨重
特斯拉	特斯拉	特斯拉	独立的标准,能在30分钟内充满300千米以上的电量。充电插座最高容量可达120千瓦,最高电流可达80安	技术先进,充电效率高	与各国国标相悖
CCS	北美	福特、通用汽车、克莱斯勒、奥迪、宝马、奔驰、大众和保时捷	一种联合充电系统,在一定程度上能够统一现有的充电标准	用一种接口就能够完成单相交流充电、快速三相交流充电、家用直流充电和超速直流充电四种模式	支持"CCS"(combined charging system,即联合充电系统)标准的电动汽车,销量较小
GB/T 20234	中国		交流额定电压小于等于690伏,频率50赫兹,额定电流小于等于250安;直流额定电压不超过1000伏,额定电流不超过400安	相比2006年版的国标对更多充电接口参数进行了详细标定	推荐性标准,并未强制性执行

　　一般而言,各个国家的汽车品牌在设计电动车时,都会遵从本国的充电标准。在标准体系如此混乱、中国电动车市场又集纳了多个品牌的背景之下,充电兼容性就成为重要议题。目前中国的充电接口标准是2011年年底公布的GB/T20234系列标准,对交流和直流充电的标准都做了说明。但这一标准推行之后,因为部分参数缺失,国标内部也没有完全统一,且这一标准并未强制性执行。从现行的充电标准上,国内车企或多或少都有一些区别,也有部分电动车互相可以通用充电设施(郭红霞和刘园,2015)。

　　对于特斯拉而言,交流充电的兼容并不困难。根据特斯拉接触到的标准草案,特斯拉的产品能够与国家标准兼容,只是充电接口的物理形状不同。特斯拉在进入欧洲之后,为了符合欧洲充电标准的接口形状,就对产品进行了重新设计。相对于交流充电,直流充电效率高,未来也会成为公共充电设施的首选。但这种充电方式对设备和安全性的要求更高,现在看来争议更多。相比较而言,直流充电的标准制定则相对复杂。

　　目前国际通行的欧、美、日、中四套标准体系和特斯拉的标准体系,按照通信方式分为两派,欧美使用的是PLC(programmable logic controller,即可编辑逻辑控制器)通信方式,日本、中国和特斯拉的标准体系使用的是CAN点线的通信方式。欧洲和北美目前都没有符合欧洲或北美标准体系的直流充电站,特斯拉的车主主要使用的是特斯拉自建的超级充电站,因此不涉及标准兼容问题。在电动车起步较早的日本,特斯拉车主通过一个转换器,即可使用日本标准的直流充电站。中国的直流充电标准中,虽然通信协议已经确定,但由于部分参数并未明确规定,直流充电上特斯拉和国家标准不能兼容,考虑到安全问题,通过转换器能否保证可靠性,需要进一步的实验和探讨。

　　现在越来越多的电动汽车生产企业已经意识到统一充电标准的问题,这关系到电动汽车未来的发展前景。随着越来越多的传统汽车生产厂商开始涉足电动汽车这一领域,统一充电标准已经变得越来越重要。从目前的发展趋势来看,全球的充电标准已经从"多样化"开始转为"集中化"。目前电动车充电标准统一化仍然任重而道远,需要各国政府及各大汽车生产厂商共同努力来完善。

4.4.3　电动汽车＋储能技术

　　特斯拉电池或将开启未来能源储备的新模式。通过推出Powerwall和Powerpack两款储能电池,特斯拉有望推广新的能源革命。通过接收太阳能电池板得到的清洁电力,Powerwall将打造一个独立于外界电网的微型网络。这将对现有的电网系统构成很大的冲击。

目前居民或商业电能储存的比重小于 10%，存在着很大的空间，从另一个角度来看这也是一个巨大的市场。如果储能电池在居民和商业领域得到普及，这将会彻底改变现有的电网体系（丁玲，2015）。

一方面，太阳能将在一次能源结构中占有更高的比重，这意味着人们将减少化石燃料的使用，有助于解决日益严重的环境污染和气候变暖问题。之前由于夜间无法使用太阳能系统而建设的备份电厂将不再需要，因为储能电池可以将白天多余的电力储存起来供晚上使用，这使得每一户家庭将可以独立于电力系统之外，随着光伏转换效率的提高和成本的降低及大容量低成本的电池技术的发展，未来人们很可能完全不再需要电网，而且这还会引导人们更多地使用绿色清洁能源。另一方面，从长远来看，随着电动汽车的普及，储能电池储存的多余电能还将用来给汽车充电，进一步节约化石燃料的使用，而且汽车本身也相当于一个大电池，紧急情况下也可以作为备用电源使用。太阳能光伏设备、储能电池、传统的家用电器和以电动汽车为代表的电力对传统化石能源的替代，将在未来构建一个清洁可持续的新型能源系统。

任何新型技术的研发与商业推广都无法离开国家和政府层面的政策及资金支持，储能技术及设备的研发和推广也是如此。《2015 年中国储能行业发展现状》的数据显示，截止到 2013 年年底中国储能市场的规模已经达到了 736 兆瓦，随着近年来中国分布式微网的快速发展以及大型风电场并网容量的快速增长，预计到 2020 年中国储能市场规模将达到约 136.97 吉瓦。从政策角度来看，到目前为止，国家出台的一些政策对储能产业已经有所涵盖。

2005 年发布的《可再生能源产业发展指导目录》中包含两项储能电池项目，这在很大程度上促进了储能电池的快速发展和规模化、商业化进度。在新的《产业结构调整指导目录（2011 年本）》中，"大容量电能储存技术"在电力类鼓励条目中出现，此外，还包括"动力电池、储能用电池、电池材料及自动化生产成套装备制造等"，将进一步带动储能技术的产业化发展。从立法的角度来讲，2009 年的《中华人民共和国可再生能源法》修正案首次将智能电网规划发展以及储能技术在电网建设中的应用纳入法律范畴，为接下来制定专门的针对储能行业的政策提供了依据[①]。

除了直接针对储能行业的政策支持之外，对光伏和发电等可再生能源并网提供的鼓励性政策及财政补贴也能够间接上支持储能行业的发展，因为这些可再生能源并网无法离开储能设备的辅助。

---

① 资料来源：国信证券，新能源汽车研究周报第 1533 期。

　　一系列的直接或者间接的促进政策对促进储能相关技术研发以及鼓励储能行业发展起到了很好的积极作用。研究机构和企业开始意识到储能行业的重要性及未来良好的发展前景,并采取实际行动促进储能产业的进步。但是在现在看来,政策也存在一些不足。目前仍然缺乏直接针对储能技术的相关政策,很多政策仍处于初级阶段,缺乏细化的实施纲要,如发展技术路线图、优惠及补贴措施等。在财政补贴、示范工程建设、鼓励和吸引投资方面政策推动作用也仍显不足。

参 考 文 献

蔡秋娜, 李嘉龙, 王一, 等. 2014. 广东电网负荷特性. 广东电力, 27: 70-75.

常瑜. 2011. 中国光伏发展报告: 2011. 北京: 中国环境科学出版社.

邓文君, 陈瑜. 2015. 浅析中国纯电动汽车的现状和问题. 商场现代化, (4): 261-262.

丁玲. 2015. 电动汽车用动力电池发展综述. 电源技术, (39): 7.

樊昊, 谢国辉. 2014. 京津唐电网负荷特性分析及预测. 中国电力, 47: 70-74.

郭红霞, 刘园. 2015. 日本新型二次电池工业发展及其与中国的比较. 现代化工, 35(2): 9-12.

国信证券. 2015-03-16. 国信证券储能行业专题研究——电池路线百花齐放, 系统集成考验功底.

霍沫霖. 2012. 中国光伏发电成本下降潜力分析. 能源技术经济, 5(24): 7-11.

纪明伟. 2009. 分布式发电中微电网技术控制策略研究. 合肥工业大学硕士学位论文.

李富生, 李瑞生, 周逢权. 2013. 微电网技术及工程应用. 北京: 中国电力出版社.

李俊峰, 王斯成, 等. 2007. 2007 中国光伏发展报告. 北京: 中国环境科学出版社.

李俊峰, 王斯成, 王勃华, 等. 2013. 2013 中国光伏发展报告. 北京: 中国环境科学出版社.

梁惠施, 程林, 苏剑. 2011. 微网的成本效益分析. 中国电机工程学报, 31(19): 38-44.

舒静, 张健, 郑源. 2005. 2010 年抽水蓄能电站在华东电网合理规模探讨. 水电能源科学, 23: 54-57.

宋永华. 2011. 电动汽车电池的现状及发展趋势. 电网技术, (35): 4.

王辉. 2014. 微电网经济运行优化. 华南理工大学硕士学位论文.

英利分布式电力投资管理公司. 2014. 分布式光伏发电系统之"光伏入户". 建筑电气, (11): 57-58.

张建华, 黄伟. 2010. 微电网运行控制与保护技术. 北京: 中国电力出版社.

赵耀. 2013. 基于分布式电源的微网控制及运行优化研究. 南开大学博士学位论文.

郑照宁, 刘德顺. 2005. 中国光伏组件价格变化的学习曲线模型及政策建议. 太阳能学报, 26(1): 93-98.

SEMI PV Group, SEMI 中国太阳能光伏顾问委员会, 中国光伏产业联盟. 2013. 2013 中国光伏产业发展报告.

Alishahi E, Moghaddam M P, Sheikh-El-Eslami M K. 2012. A system dynamics approach for investigating impacts of incentive mechanisms on wind power investment. Renewable Energy, 37(1): 310-317.

Andresen G B, Rodriguez R A, Becker S, et al. 2014. The potential for arbitrage of wind and solar surplus power in Denmark. Energy, 76: 49-58.

Anuta O H, Taylor P, Jones D, et al. 2014. An international review of the implications of regulatory and electricity market structures on the emergence of grid scale electricity storage. Renewable & Sustainable Energy Reviews, 38: 489-508.

Barzin R, Chen J J, Young B R, et al. 2015. Peak load shifting with energy storage and price-based control system. Energy, 92: 505-514.

Bradbury K, Pratson L, Patiño-Echeverri D. 2014. Economic viability of energy storage systems based on price arbitrage potential in real-time U. S. electricity markets. Applied Energy, 114: 512-519.

Brockway P E, Steinberger J K, Barrett J R, et al. 2015. Understanding China's past and future energy demand: an exergy efficiency and decomposition analysis. Applied Energy, 155: 892-903.

Carson R T, Novan K. 2013. The private and social economics of bulk electricity storage. Journal of Environmental Economics and Management, 66: 404-423.

Cody G D, Tiedje T. 1997. Learning curve approach to projecting cost and performance for photovoltaic technologies. Optical Science, Engineering and Instrumentation'97. International Society for Optics and Photonics: 78-89.

Das T, Krishnan V. 2015. Assessing the benefits and economics of bulk energy storage technologies in the power grid. Applied Energy, 139: 104-118.

Driesen J, Katiraei F. 2008. Design for distributed energy resources. IEEE Power and Energy Magazine, 6(3): 30-40.

Dunn B, Tarascon J M. 2011. Electrical energy storage for the grid: a battery of choices. Science, 18: 928-935.

Eyer J. 2009. Electric utility transmission and distribution upgrade deferral benefits from modular electricity storage: a study for the DOE Energy Storage Systems Program.

Harmon C. 2000. Experience curves of photovoltaic technology. Laxenburg, IIASA, 17.

Hittinger E S, Azevedo I M L. 2015. Bulk energy storage increases United States electricity system emissions. Environmental Science & Technology, 49 (5): 3203-3210.

Hoppmann J, Volland J, Schmidt T S, et al. 2014. The economic viability of battery storage for residential solar photovoltaic systems—a review and a simulation model. Renewable and Sustainable Energy Reviews 39: 1101-1118.

IEA. 2000. Experience Curves for Energy Technology Policy. International Energy Agency Energy Report No. 7/2000, Paris, OECD/IEA Publications.

IEA. 2006. National Survey Report of PV Power Applications in Germany 2006. International Energy Agency Photovoltaic Power Systems Program. Retrieved 17/03/2009 from: http://ieapvps. org/countries/download/nsr06/06deunsr. pdf

Jiang Z J, Lin B Q. 2012. Chinas energy demand and its characteristics in the industrialization and urbanization process. Energy Policy, 49: 608-615.

Kanakasabapathy P. 2013. Economic impact of pumped storage power plant on social welfare of electricity market. International Journal of Electrical Power & Energy Systems, 45: 187-193.

Kloess M, Zach K. 2014. Bulk electricity storage technologies for load-leveling operation—an economic assessment for the Austrian and German power market. International Journal of Electrical Power & Energy Systems, 59: 111-122.

Krishnan V, Das T. 2015. Optimal allocation of energy storage in a co-optimized electricity market: benefits assessment and deriving indicators for economic storage ventures. Energy, 81: 175-188.

Lamont A D. 2013. Assessing the economic value and optimal structure of large-scale electricity storage. IEEE Transactions on Power Systems, 28: 911-921.

Lasseter R H, Eto J H, Schenkman B, et al. 2011. CERTS microgrid laboratory test bed. IEEE Transactions on Power Delivery, 26(1): 325-332.

Lesser J A, Su X. 2008. Design of an economically efficient feed-in tariff structure for renewable energy development. Energy Policy, 36(3): 981-990.

Luo X, Wang J H, Dooner M, et al. 2015. Overview of current development in electrical energy storage technologies and the application potential in power system operation. Applied Energy, 137: 511-536.

Ma T, Yang H X, Lu L. 2015. Development of hybrid battery-supercapacitor energy storage for remote area renewable energy system. Applied Energy, 153: 56-62.

McDonald A, Schrattenholzer L. 2001. Learning rates for energy technologies. Energy policy, 29(4): 255-261.

Neij L. 1997. Use of experience curves to analyse the prospects for diffusion and adoption of renewable energy technology. Energy policy, 25(13): 1099-1107.

Neij L. 2008. Cost development of future technologies for power generation—a study based on experience curves and complementary bottom-up assessments. Energy policy, 36(6): 2200-2211.

Nikkhajoei H. 2009. Distributed generation interface to the CERTS microgrid. IEEE Transactions on Power Delivery, 24(3): 1598-1608.

Notton G. 2015. Importance of islands in renewable energy production and storage: the situation of the French islands. Renewable and Sustainable Energy Reviews, 47: 260-269.

Papineau M. 2006. An economic perspective on experience curves and dynamic economies in renewable energy technologies. Energy policy, 34(4): 422-432.

REN21. 2012. Renewables 2012 Global Status Report. Paris: REN21 Secretariat.

Schaeffer G J, Seebregts A J, Beurskens L W M, et al. 2004. Learning from the sun: analysis of the use of experience curves for energy policy purposes: the case of photovoltaic power. Final Report of the PHOTEX Project, Report ECN DEGO: ECN-C-04-035, ECN Renewable Energy in the Built Environment.

Sioshansi R, Denholm P, Jenkin T, et al. 2009. Estimating the value of electricity storage in PJM: arbitrage and some welfare effects. Energy Econ, 31(2): 269-277.

Staffhorst M. 2006. The Way to Competitiveness of PV: An Experience Curve and Break-even Analysis. Kassel: Kassel University Press GmbH.

Stevens J. 2004. Development of sources and a test bed for CERTS microgrid testing. Proceeding of 2004 IEEE Power Engineering Society General Meeting, (2): 2032-2033.

Tsuchiya H. 1992. Photovoltaics cost analysis based on the learning curve. Research Institute for Systems Technology, Tokyo, Japan.

Upshawa C R, Rhodesa J D. 2015. Modeling peak load reduction and energy consumption enabled by an integrated thermal energy and water storage system for residential air conditioning systems in Austin, Texas. Energy and Buildings, 97: 21-32.

van Benthem A, Gillingham K, Sweeney J. 2008. Learning-by-doing and the optimal solar policy in California. The Energy Journal: 131-151.

Walawalkar R, Apt J, Mancini R. 2007. Economics of electric energy storage for energy arbitrage and regulation in New York. Energy Policy. 35: 2558-2568.

Wand R, Leuthold F. 2011. Feed-in tariffs for photovoltaics: learning by doing in Germany? Applied Energy, 88(12): 4387-4399.

Zakeri B, Syri S. 2015. Electrical energy storage systems: a comparative life cycle cost analysis. Renewable and Sustainable Energy Reviews, 42: 569-596.